हिंदी क्रियाओं की रूप-रचना

हिंदी क्रियाओं की रूप-रचना

बदरीनाथ कपूर

लोकभारती प्रकाशन

लोकभारती प्रकाशन
पहली मंजिल, दरबारी बिल्डिंग, महात्मा गांधी मार्ग,
इलाहाबाद-211 001
वेबसाइट : www.lokbhartiprakashan.com
ई-मेल : info@lokbhartiprakashan.com

शाखाएँ : 1-बी, नेताजी सुभाष मार्ग, दरियागंज,
नई दिल्ली-110 002
अशोक राजपथ, साइंस कॉलेज के सामने,
पटना-800 006
36 ए, शेक्सपियर सरणी, कोलकाता-700 017

पहला संस्करण : 2017
दूसरा संस्करण : 2019

बी.के. ऑफसेट
नवीन शाहदरा, दिल्ली-110 032 द्वारा मुद्रित

HINDI KRIYAON KI ROOP-RACHANA
by Badrinath Kapoor

ISBN : 978-93-5221-138-8

मूल्य : ₹395

भूमिका

हिंदी क्रियाओं के संभवप्राय क्रियारूपों की क्रमबद्ध तथा नियमबद्ध रूप-रचना हिंदी जगत के सम्मुख अपनी नगण्य भेंट के रूप में अर्पित कर रहा हूँ। कदाचित् क्रियाओं की रूप-रचना-संबंधी यह पहला ऐसा प्रयास है जो हिंदी भाषा की प्रकृति और प्रवृत्ति से पूर्णतः जुड़ा है, किसी अन्य भाषा के ढाँचे से अनुप्राणित या प्रभावित नहीं। कुछ वर्षों से मुझे ऐसी प्रतीति होने लगी थी कि कर्ता-कर्म-क्रिया की त्रयी का 'क्रिया' ऐसा विशिष्ट और महत्त्वपूर्ण घटक है जिसके बल पर वाक्य का ढाँचा खड़ा किया जा सकता है। इस दृष्टि से निरंतर क्रियाओं के अध्ययन, विश्लेषण तथा वर्गीकरण का कार्य आगे बढ़ा रहा था। दूसरे यह कि मेरे कुछ विदेशी मित्रों की पुरानी आपत्ति थी कि हिंदी की क्रियाओं के इतने अधिक रूप होते हैं, विभिन्न क्रियाओं के साथ उनके इतने अधिक संयुक्त रूप बनते हैं और इन सबके भी इतने अधिक विकारी रूप होते हैं कि स्थिति स्पष्ट न होने से विद्यार्थी घबरा जाते हैं। अतः इन विदेशी मित्रों की घबराहट दूर करने के लिए स्वस्थ उपायों की ढूँढ़-खोज भी आवश्यक थी। हर भाषा का अपना विशिष्ट स्वरूप तथा अपनी विशिष्ट सुनियोजित अंतर्व्यवस्था होती है जिसका क्रमिक निरूपण करना ही तो वैयाकरण का दायित्व माना जाता है।

क्रियाओं की रूप-रचना का ढाँचा खड़ा करने के मार्ग में दो मुख्य बाधाएँ थीं। पहली यह कि क्रियाओं के जो या जो-जो वर्गीकरण हों, उनका आधार क्या हो? और दूसरी यह कि त्रयी के अन्य दो घटकों 'कर्ता और कर्म'[1] का क्रियापद से नाता किस परिभाषा के आधार पर जोड़ा जाए, क्योंकि क्रियाओं का सारा खेल इसी त्रयी के पारस्परिक संबंधों से प्रभावित होता है। कर्ता और कर्म-संबंधी पुरानी और नई परिभाषाओं में आकाश-पाताल का अंतर है। फिर किसी अनिश्चित या ढुलमुल परिभाषा के सहारे किसी अंतिम निष्कर्ष पर पहुँचा भी तो नहीं जा सकता था।

पहली बाधा को दूर करने में सहायक बना प्रसिद्ध विद्वान वयोवृद्ध पं. काशीराम शर्मा का मार्गदर्शन। अपनी पुस्तक 'हिंदी व्याकरण मीमांसा' में उन्होंने हिंदी के वैयाकरणों का मार्गदर्शन निम्नलिखित शब्दावली में किया है :

"व्याकरणों में भाषा के रूप-रचनात्मक ढाँचे का ही अध्ययन किया जाए, अर्थमूलक वर्गीकरण को स्थान न दिया जाए।"[2]

पं० काशीराम शर्मा ने इसी पुस्तक में इस तथ्य को भी उजागर किया है कि हिंदी के सभी व्याकरण अर्थमूलक वर्गीकरणों से ओत-प्रोत हैं। उन्होंने इन व्याकरणों को 'ग्रामर' पद्धति का अनुसरण करने के कारण 'ग्रामर' की संज्ञा भी दी है। 'व्याकरण' माना ही नहीं। और दो टूक शब्दों में यह भी कहा है : "भाषा की शिक्षा में इन ग्रामरों की उपयोगिता नगण्य है।"[3]

---

1. व्याकरण में 'कर्ता' और 'कर्म' का प्रयोग क्रमशः 'कर्ताकारक' और 'कर्मकारक' के लिए ही होता है।
2. हिंदी व्याकरण मीमांसा, दूसरी आवृत्ति, पृ. 18
3. वही, पृ. 16

सच्चाई सामने आई। आँखें खुलीं। हिंदी के आरंभिक व्याकरण यूरोपीय विद्वानों ने लिखे थे। इन व्याकरणों को लिखने में उन्होंने वही पद्धति अपनायी, जिसमें उनके अपने व्याकरण लिखे गए थे। लैटिन पद्धति के उन व्याकरणों में पदों का वर्गीकरण अर्थमूलक आधार पर ही होता था। बाद में जब हिंदी भाषाभाषी विद्वानों ने व्याकरण लिखे तो उन्होंने भी जाने-अनजाने पूर्वलिखित व्याकरणों को आधार बनाया। भारतीय प्राचीन पद्धति पदों का विवेचन तथा वर्गीकरण उनकी रूप-रचना के आधार पर ही करती थी। विश्वविख्यात 'अष्टाध्यायी' इसका ज्वलंत प्रमाण है।

आचार्य पं. काशीराम शर्मा के मत को सिर-माथे रखा। प्रस्तुत पुस्तक में क्रियापदों के सभी वर्गीकरण पदों की रूप-रचना पर ही आधारित हैं। एकपदीय और द्विपदीय क्रियापद, विकारी और अविकारी क्रियापद, कर्तृ-अनुगामी और कर्मादि-अनुगामी क्रियापद, कर्तृवाच्य और कर्मादिवाच्य क्रियापद आदि सभी वर्गीकरणों का आधार पूर्णतः उनकी रूप-रचना ही है। इस प्रकार एक समस्या का समाधान भी मिला, साथ ही इसके फलस्वरूप वर्णन-विवेचन में जिस तारतम्य तथा बोधगम्यता के दर्शन हुए वे और भी महत्त्वपूर्ण हैं। इसके पूर्ण श्रेय के अधिकारी परम आदरणीय पं. काशीराम जी शर्मा ही हैं। उनके प्रति हार्दिक कृतज्ञता प्रकट करता हूँ। हिंदी के व्याकरण को पटरी पर लाने में उनका यह सुझाव अत्यंत महत्त्वपूर्ण समझा जाएगा।

दूसरी बाधा थी पारिभाषिक शब्दों की परिभाषा की। 'कर्ता' और 'कर्म' की नई और पुरानी दो प्रकार की परिभाषाएँ उपलब्ध हैं। पुरानी का प्रतिनिधित्व 'हिंदी शब्दानुशासन' करता है और नई का 'नवशती हिंदी व्याकरण'। हिंदी शब्दानुशासन में कर्ता की परिभाषा इस प्रकार दी गई है :

'क्रिया के करने न करने में जो स्वतंत्र हो। (स्वतंत्र : कर्ता)'[1]

'कर्म' की परिभाषा तो 'हिंदी शब्दानुशासन' में नहीं दी गई है परंतु विवेचित विवरण से निम्नलिखित अंश उद्धृत कर सकते हैं :

'कर्ता के अनंतर कर्म ही महत्त्वपूर्ण कारक है, जिसका क्रिया से निकटतम संबंध है। क्रिया का फल भी उन दो कारकों पर ही पड़ता है, कभी कर्ता पर कभी कर्म पर।... अन्य किसी भी कारक पर कभी भी क्रिया का फल या परिणाम नहीं पड़ता।'[2]

अब 'हिंदी शब्दानुशासन' में ही संकलित निम्नलिखित वाक्य को उद्धृत करते हैं :

रोटी बनती है।[3]

'हिंदी शब्दानुशासन' की 'कर्ता' की परिभाषा के अनुसार 'रोटी' कर्ता नहीं हो सकती, क्योंकि वह बनने या न बनने में स्वतंत्र नहीं है। 'कर्म' भी नहीं हो सकती क्योंकि 'बनना' क्रिया अकर्मक है। 'हिंदी शब्दानुशासन' का स्पष्ट अभिमत भी है : 'सकर्मक क्रियाओं में कर्म मिलेगा, अकर्मक क्रियाओं में कर्म होता ही नहीं।'[4]

---

1. शब्दानुशासन, दूसरा संस्करण; पृ. 136
2. वही, पृ. 137
3. वही, पृ. 145
4. वही, पृ. 136

उक्त परिभाषाओं के अनुसार 'रोटी' न कर्ता ठहरी न कर्म। इसे कुछ तो बताना था। क्योंकि 'बनाना' क्रिया का यह कर्म है (राम रोटी बनाता है) इसलिए 'रोटी' को कर्म के रूप में कर्ता बताया। मँगनी की परिभाषा अपनाने पर एक तो दलील देनी पड़ी और दूसरे द्रविड़ प्राणायाम भी करना पड़ा।

अब 'नवशती हिंदी व्याकरण' में दी हुई परिभाषाओं का अवलोकन करें :

कर्ता : क्रियापद की मुख्य क्रिया से बना कर्तृवाचक कृदंत जिस पद को सूचित करे।

[कर्तृवाचक कृदंत=मुख्य क्रिया की क्रियार्थक संज्ञा का तिर्यक् रूप+वाला (प्रत्यय); आनेवाला, जानेवाला, बननेवाला, बनानेवाला][1]

कर्म : क्रियापद की मुख्य क्रिया से बना कर्मवाचक कृदंत जिसे सूचित करे।

[कर्मवाचक कृदंत=सकर्मक मुख्य क्रिया के भूतकृदंत क्रियारूप+'जाना' क्रिया का कर्तृवाचक कृदंत—जानेवाला=खाया जानेवाला, पिया जानेवाला, बानाया जानेवाला][2]

'रोटी बनती है' में मुख्य क्रिया—बनना (अकर्मक) है। 'बनना' क्रिया से कर्तृवाचक कृदंत बनेगा—बननेवाला। 'बननेवाला' किसे सूचित करता है—'रोटी' को। 'रोटी' कर्ताकारक हुई। यदि वाक्य हो 'राम रोटी बनाता है' तो मुख्य क्रिया होगी 'बनाना' और इससे कर्तृवाचक कृदंत बनेगा 'बनानेवाला'। 'बनानेवाला' सूचित करता है 'राम' को। इस प्रकार 'राम' कर्ता हुआ। ध्यान रहे कि 'बनना' और 'बनाना' दो भिन्न क्रियाएँ हैं, जिनका अलग-अलग अस्तित्व है।

अब 'पढ़ना' सकर्मक क्रिया के कुछ उदाहरण लें :

राम पुस्तक पढ़ता है।

राम ने पुस्तक पढ़ी।

राम को पुस्तक पढ़नी है।

राम से पुस्तक पढ़ी जाती है।

उक्त चारों वाक्यों की मुख्य क्रिया है—पढ़ना (सकर्मक)। इससे कर्तृवाचक कृदंत बनेगा—पढ़नेवाला; और कर्मवाचक कृदंत बनेगा—पढ़ा जानेवाला। 'नवशती हिंदी व्याकरण' के अनुसार उक्त चारों वाक्यों में कर्तृवाचक कृदंत 'पढ़नेवाला' 'राम' को ही कर्ता के रूप में इंगित करता है, भले ही वह परसर्ग से रहित हो या परसर्ग से युक्त। 'कर्ता' तो कर्ता ही है भले ही परसर्ग रहे न रहे। कर्मवाचक कृदंत 'पढ़ा जानेवाला' सभी वाक्यों में 'पुस्तक' कर्म को ही इंगित करता है। इसके विपरीत 'हिंदी शब्दानुशासन' में 'राम' को कर्ता (पहले तीन वाक्यों में) माना गया है परंतु पुस्तक को कर्म मानने की जुगत नहीं बताई गई। 'हिंदी शब्दानुशासन' का अभिमत है : पढ़ना सकर्मक क्रिया का फल कर्म (पुस्तक) पर नहीं पड़ता।[3] प्रश्न उठना स्वाभाविक है कि जब कर्म पर क्रिया का फल ही नहीं पड़ता तो पुस्तक को किस आधार पर कर्म माना जाए। 'हिंदी शब्दानुशासन' इस संबंध में कुछ उत्तर नहीं देता।

---

1. नवशती हिंदी व्याकरण, पृ. 42
2. वही; पृ. 42
3. हिंदी शब्दानुशासन, पृं. 137

'हिंदी शब्दानुशासन' में निम्नलिखित दो वाक्यों पर विचार करते समय 'जाना' क्रिया को सकर्मक और 'काशी' तथा 'वृंदावन' संज्ञाओं को कर्म बतलाया गया है :

राम काशी गया।

लड़की वृंदावन गई।

उक्त दोनों वाक्यों में 'जाना' मुख्य क्रिया है। यह तो निश्चित है कि 'जाना' क्रिया का फल काशी या वृंदावन पर नहीं पड़ता, कर्ता 'राम' या 'लड़की' पर ही पड़ता है। तो इस प्रकार 'काशी' तथा 'वृंदावन' को 'हिंदी शब्दानुशासन' के अभिमत से कर्म मानने में भी कठिनाई है। परंतु 'हिंदी शब्दानुशासन' यह कहकर बच निकलता है कि आवश्यक नहीं कि कर्म पर क्रिया का प्रभाव पड़ेगा ही। फिर किस आधार पर वृंदावन या काशी को कर्म माना जाए इस संबंध में 'हिंदी शब्दानुशासन' मौन है। 'नवशती हिंदी व्याकरण' के अनुसार कब-कहाँ-कैसे क्रियाविशेषणों द्वारा क्रिया से जो उत्तर मिलता है उसे क्रियाविशेषण माना जाता है। अब यदि 'जाना' को थोड़ी देर के लिए सकर्मक मान भी लिया जाए तो उससे बननेवाला कर्मवाचक कृदंत (गया जानेवाला अथवा जाया जानेवाला) ऊटपटाँग बनेगा और वह न कर्म के रूप में 'काशी' को सूचित करेगा न 'वृंदावन' को ही। वास्तविकता तो यह है कि अकर्मक क्रिया से कर्मवाचक कृदंत बनने-बनाने का प्रश्न ही नहीं उठता। कर्मवाचक कृदंत जब भी बनेगा सकर्मक क्रिया से ही बनेगा। इस प्रकार 'नवशती हिंदी व्याकरण' की दृष्टि में 'जाना' अकर्मक क्रिया है तथा 'काशी' और 'वृंदावन' कर्म नहीं हैं बल्कि क्रियाविशेषण के रूप में प्रयुक्त संज्ञाएँ हैं।

'वाच्य' की परिभाषा को लेकर भी 'हिंदी शब्दानुशासन' और 'नवशती हिंदी व्याकरण' में गहरा मतभेद है। 'वाच्य' का शब्दार्थ ही है—जिसके संबंध में कुछ कहना हो या कहा जाए। इस प्रकार 'वाच्य' को कथन-प्रकार से जोड़ा जाता है और इसके तीन भेद किए जाते हैं—कर्तृवाच्य, कर्मवाच्य और भाववाच्य। इनके संबंध में 'हिंदी शब्दानुशासन' अपना अभिमत इस प्रकार प्रकट करता है :

'जब कर्ता के अनुसार क्रिया रूप ग्रहण करती है तो कर्तृवाच्य कहलाती है, जब कर्म का अनुगमन करती है तो कर्मवाच्य। कभी-कभी क्रिया न कर्ता के अनुसार चलती है न कर्म के। स्वतंत्र पद्धति ग्रहण करती है तो उसे भाववाच्य कहते हैं।'[1]

'किसी के संबंध में कहना' और 'किसी का अनुगमन करना' दो भिन्न-भिन्न संकल्पनाएँ हैं। 'नवशती हिंदी व्याकरण' पहली संकल्पना का ही पक्षधर है। जब क्रिया कर्ता के संबंध में कहती है तो क्रिया के कथन का केंद्रबिंदु कर्ता होता है; जैसे राम जाता है, राम पुस्तक पढ़ता है, राम ने पुस्तक खरीदी, राम को पुस्तक खरीदनी थी आदि। आपको कर्ता (राम) का उल्लेख करना ही पड़ेगा। तथा उसे ही आगे रखकर कुछ कहना होगा। एक बात यह भी देखने में आती है कि बिना कर्ता के कर्तृवाच्य के वाक्य अधूरे रहते हैं। जब सकर्मक क्रिया कर्ता का उल्लेख न करके मात्र कर्म के बारे में कहती है तो वह अपने को कर्म तक सीमित भी रखती है। अर्थात् वह या तो कर्ता की उपेक्षा करती है या फिर कर्ता को पदावन्त अवस्था में करणकारक में 'के द्वारा' या 'से' परसर्ग के साथ रखती है; जैसे—आम खाया गया, पुस्तक खरीदी जाती, सड़कें बनाई जाएँगी, अपराधी को बुलाया गया, आतंकवादी को छोड़ दिया जाएगा, राम के द्वारा पुस्तक खरीदी गई, आदि। जब अकर्मक क्रिया भाव (क्रियार्थ) के बारे में कहती है तो वह भी

1. हिंदी शब्दानुशासन, पृ. 409

या तो बिना कर्ता के वाक्य को पूर्णता प्रदान करती है अथवा कर्ता को पदानवत अवस्था में करणकारक में 'के द्वारा' या 'से' परसर्ग के साथ रखती है; जैसे—अब सोया जाए, यहीं बैठा जाए, राम से नहीं चला जाता।

यहाँ एक सावधानी अपेक्षित है। यदि 'से' परसर्ग से युक्त करणकारक में कोई नामपद पहले से कर्तृवाच्य वाक्यरचना में अवस्थित है तो कर्मवाच्य में भी वह करणकारक ही रहेगा। जैसा कि निम्नलिखित वाक्य में 'दर्जी से' करणकारक में है :

<table>
<tr><th>कर्तृवाच्य</th><th>कर्मवाच्य</th></tr>
<tr><td rowspan="3">राम ने दर्जी से कोट सिलाया।</td><td>कोट सिलाया गया।</td></tr>
<tr><td>राम के द्वारा कोट सिलाया गया।</td></tr>
<tr><td>राम के द्वारा दर्जी से कोट सिलाया गया।</td></tr>
</table>

वाच्य-संबंधी एक रोचक तथ्य भी है। 'हिंदी शब्दानुशासन' क्रिया के कर्म-अनुगामी होने के कारण निम्नलिखित क्रियापदों को कर्मवाच्य मानता है—

राम ने पुस्तक पढ़ी।
राम को पुस्तक खरीदनी थी।
राम को पुस्तक खरीदनी चाहिए।

परंतु 'नवशती हिंदी व्याकरण' के मत से उक्त तीनों वाक्यों के क्रियापद कर्तृवाच्य हैं, क्योंकि वे कर्ता 'राम' के विषय में कहते हैं। इन्हें कर्तृवाच्य मानने का एक प्रभावी कारण यह भी है कि जिस प्रकार कर्तृवाच्य के अन्य क्रियापदों को कर्मवाच्य में ढाला जाता है वैसे ही इन्हें भी कर्मवाच्य में ढाला जाता है; जैसे—

कर्तृवाच्य	कर्मवाच्य
राम ने पुस्तक पढ़ी।	(राम से) पुस्तक पढ़ी गयी।
राम को पुस्तक खरीदनी थी।	(राम से) पुस्तक खरीदी जानी थी।
राम को पुस्तक खरीदनी चाहिए।	(राम से) पुस्तक खरीदी जानी चाहिए।

वाच्य-संबंधी 'हिंदी शब्दानुशासन' की परिभाषा का निष्कर्ष हम इस प्रकार प्रस्तुत कर सकते हैं—यदि कर्ता बिना परसर्ग के हो तो क्रियापद कर्तृवाच्य, कर्ता यदि परसर्ग से युक्त हो और कर्म बिना परसर्ग के हो तो कर्मवाच्य, और यदि कर्ता में परसर्ग हो तथा कर्म में भी परसर्ग हो अथवा कर्म न हो तो क्रिया भाववाच्य होगी। ध्यान से देखने पर प्रतीत होगा कि उक्त विवरण का वाच्य या कथन-प्रकार से दूर का भी संबंध नहीं। केवल परसर्गों का खेल यहाँ दिखाई देता है। 'नवशती हिंदी व्याकरण' के अनुसार यदि क्रिया कर्ता के संबंध में कहती है तो कर्तृवाच्य। फिर भले ही कर्ता में परसर्ग हो या न हो उससे अंतर नहीं आता। यदि कर्म के बारे में कहती है तो कर्मवाच्य। फिर भले ही कर्म परसर्ग से युक्त हो या न हो उससे अंतर नहीं आता। भाववाच्य में अकर्मक क्रिया बिना कर्ता की सहायता लिए अपनी सामर्थ्य से वाक्य को पूर्णता प्रदान करती है या फिर उसे पदानवत अवस्था में करणकारक में रखती है।

अंततः कर्ता, कर्म आदि की परिभाषाओं के लिए 'नवशती हिंदी व्याकरण' का सहारा लेना पड़ा। कारण स्पष्ट है कि 'नवशती हिंदी व्याकरण' की परिभाषाएँ पूर्णतः स्पष्ट तो हैं ही निरपवाद भी हैं।

हिंदी क्रियाओं की रूप-रचना सरल और सुबोध भी हो तथा क्रमबद्ध और नियमबद्ध भी हो, सारा प्रयास इसी निमित्त रहा। अंततः जो ढाँचा तैयार हुआ है, वह आपके सम्मुख है। प्रथम प्रकरण में क्रियापदों में प्रयुक्त होनेवाले संभवप्राय सभी रूपों की सूची तैयार की गई है तथा उनकी रचनाविधि का सिलसिलेवार ब्योरा दिया गया है। इन्हीं को आधार बनाकर आधारभूत क्रियापदों की संख्या भी निर्धारित की गई है। अगले प्रकरणों में जितने भी वर्गीकरण आपको देखने को मिलेंगे उनका आधार यही आधारभूत क्रियापद बने हैं। दूसरे प्रकरण में इन आधारभूत क्रियापदों के विकारी और अविकारी भेद किए गए हैं तथा लिंग-वचन के आधार पर विकारी क्रियापदों की चार कोटियाँ बनाई गई हैं जिनका तालमेल वाक्य के किसी विशिष्ट नामपद 'कर्ता या कर्म' से बैठाने की आवश्यकता होती है। क्रियापद वाक्य के जिस नामपद के लिंग-वचन का अनुगमन करता है उसी का वह अनुगामी माना जाता है। अनुगमन करनेवाले को ही अनुगामी कहा जाता है। इसके अतिरिक्त ऐसी भी स्थिति या अवसर होता है जब क्रियापद किसी नामपद के लिंग-वचन का अनुगमन नहीं करता। इन सब विषयों की पूरी जानकारी भी आपको मिलेगी।

तृतीय प्रकरण में संयुक्त क्रियाओं के क्रियापदों के विकारी और अविकारी क्रियारूपों की रूप-रचना विस्तार से वर्णित है। विभिन्न संयोज्य क्रियाओं से बनी संयुक्त क्रियाओं में होनेवाले विविध विकारों को तालिकाओं के द्वारा दरशाया गया है। संयुक्त क्रियापदों के कर्तृ-अनुगामी और कर्मादि-अनुगामी क्रियापदों का विभेद भी किया गया है। चतुर्थ अध्याय में बृहत् संयुक्त क्रियाओं की रूप-रचना तथा क्रियापदों के कर्तृ-अनुगामी और कर्मादि-अनुगामी विभेदों पर विचार-मंथन हुआ है। संयुक्त क्रियापदों और बृहत् संयुक्त क्रियापदों-संबंधी विकारों की विभिन्नता को भी लक्षित किया गया है। अंतिम प्रकरण में आधारभूत क्रियापदों और उनके विकारी क्रिया-पदों को कर्मवाच्य और भाववाच्य में ढालने की प्रक्रिया तथा नियमों का उल्लेख है और उनके कर्तृ-अनुगामी और कर्मादि-अनुगामी विभेदों का परिचय तथा विशिष्टताओं का भी उल्लेख है।

अपने आदरणीय पाठकवृंद से क्षमायाचना करना भी आवश्यक है। जीवनयात्रा के नवें दशक के मध्य तक पहुँचते-पहुँचते स्मृति और एकाग्रता क्षीण होने लगती है। इस कारण भूल, त्रुटि, विसंगति या छूट आदि की संभावना से इनकार कैसे कर सकता हूँ। जिस तथ्य या कथ्य से आप असहमत हों, उससे मुझे कृपापूर्वक अवश्य अवगत कराएँ। हम सभी का ध्येय तो हिंदी भाषा को पुष्ट और समृद्ध करना है।

प्रस्तुत पुस्तक की टंकण-संरचना व साज-सज्जा के लिए ग्राफिक्स लाइन, वाराणसी के संचालक श्री अनिल कुमार सिंह को आशीर्वाद देना कैसे भूल सकता हूँ, जिन्होंने कई प्रूफ व बदलाव के बाद भी पुस्तक को बेहतर बनाने में कोई कसर नहीं छोड़ी।

अंत में अपने विद्यागुरु आचार्य रामचंद्र वर्मा को इस घड़ी मैं कैसे भूल सकता हूँ। उन्हीं के आशीर्वाद तथा प्रेरणा से ही तो यह काम सिरे चढ़ा है। हिंदी के महान वैयाकरणों विशेषतः पं० कामता प्रसाद गुरु तथा पं. किशोरीदास वाजपेयी के प्रति अपनी हार्दिक कृतज्ञता प्रकट करता हूँ जिनके गहन चिंतन तथा उद्भावनाओं से प्राप्त संकेत-सूत्रों से ही 'हिंदी क्रियाओं की रूप-रचना' का पथ प्रशस्त हुआ।

बदरीनाथ कपूर

शब्दलोक
47, लाजपतनगर, वाराणसी-2
वसन्त पंचमी, 13 फरवरी, 2016

अनुक्रम

हिंदी क्रियाओं की रूप-रचना

:: 1 ::

आधारभूत क्रियापदों की रूप-रचना

1.1 : क्रिया : शब्दकोशों के अनुसार किसी कार्य, घटना, स्थिति, भाव या अनुभूति का वर्णन करनेवाले शब्द को 'क्रिया' कहते हैं। लोक में 'क्रिया' की पहचान आना, जाना, लिखना, पढ़ना, सोना, जागना, कहना, सुनना आदि नाकारांत शब्दों से की जाती है। व्याकरण में भी इन्हें 'क्रियाएँ' या 'सामान्य क्रियाएँ' कहा जाता है। इनके अतिरिक्त है, था, हो और होगा इन चारों को भी क्रियाओं के वर्ग में सम्मिलित किया जाता है। इन्हें 'मूल क्रियाएँ' कहा जाता है। जिन्हें 'सामान्य क्रियाएँ' कहते हैं, उनकी संख्या सैकड़ों में है। ये सभी रूप-रचना की दृष्टि से यौगिक शब्द हैं। इन सभी में 'ना' प्रत्यय रूप में जुड़ा रहता है। 'ना' प्रत्यय हटाने पर शेष अंश को 'क्रियामूल' अर्थात् क्रिया का मूल अंश कहते हैं। इसे ही अधिकतर वैयाकरण 'धातु' कहते हैं। कुछ क्रियाएँ संज्ञा, विशेषण, सर्वनाम आदि शब्दभेदों के शब्दों से भी बनाई गई हैं। ये भी नाकारांत ही हैं, जैसे—हथियाना (संज्ञा 'हाथ' से), बतियाना (संज्ञा 'बात' से) धिक्कारना (संज्ञा 'धिक्कार' से), अपनाना (सर्वनाम 'अपना' से), गरमाना (विशेषण 'गरम' से), चिकनाना (विशेषण 'चिकना' से)आदि। इन क्रियाओं का 'ना' प्रत्ययवाला अंश हटाने पर शेष भाग क्रियामूल (धातु) ही माना जाता है। इसी प्रकार अनेक नाकारांत सामान्य क्रियाओं में कुछ परिवर्तन लाकर नई क्रियाएँ भी बनती हैं; जैसे—करना से कराना और करवाना, पढ़ना से पढ़ाना और पढ़वाना, फटना से फाड़ना और फड़वाना, गिरना से गिराना और गिरवाना, पीटना से पिटना और पिटवाना, चलना से चलाना और चलवाना आदि। इनके भी 'ना' प्रत्यय से रहित शेष अंश करा और करवा, पढ़ा और पढ़वा, फाड़ और फड़वा, गिरा और गिरवा, चला और चलवा आदि अंश क्रियामूल (धातु) ही माने जाते हैं। सच्चाई यह है कि क्रियामूलों (धातुओं), इन क्रियामूलों (धातुओं) में विभिन्न प्रत्यय जोड़कर रचे हुए शब्दों (कृदंतों[1]), मूल क्रियाओं तथा इनके विविध विकारी रूपों को हम सभी प्रकार के वाक्यों में क्रिया का कार्य करते हुए देखते हैं।

1.2 : क्रियापद और क्रियारूप : वाक्य में प्रयुक्त होने पर शब्द की संज्ञा 'पद' होती है। इसलिए वाक्य में क्रिया का कार्य करनेवाले शब्द या शब्द-समूह को 'क्रियापद' कहते हैं। क्रियापद में यदि कई शब्द हों तो हर एक को 'क्रियारूप' कहा जाता है। 'लड़का खेल रहा था' वाक्य में तीन शब्दों का क्रियापद है—खेल, रहा और था। इन तीनों का पृथक्-पृथक् उल्लेख करते समय 'क्रियारूप' कहा जाता है। 'खेल' क्रियारूप क्रियामूल (धातु) है, 'रहा'

---

1. ध्यान रहे कि 'कृदंत' संस्कृत व्याकरण का पारिभाषिक शब्द है जिसका प्रयोग उन शब्दों के लिए होता है जो क्रियामूल (धातु) में प्रत्ययों के योग से बनते हैं और संज्ञाओं या विशेषणों की तरह प्रयुक्त होते हैं। परंतु हिंदी में 'कृदंत' का प्रयोग ऐसे शब्दों के लिए भी होता है जो क्रियारूप (आख्यात) की तरह प्रयुक्त होते हैं।

क्रियारूप क्रियामूल (धातु) 'रह' में 'आ' प्रत्यय के योग से बना कृदंत है और 'था' क्रियारूप मूल-क्रिया है।

1.3 : रूप-रचना की दृष्टि से **क्रियापदों** के चार भेद हैं—

(i) मूलक्रिया के रूप में, जैसे—

लड़का योग्य है। आदमी शिक्षित था।

शायद वह दिल्ली में हो। कल सूर्यग्रहण होगा।

(ii) क्रियामूल (धातु) या उससे बने कृदंत के रूप में; जैसे—

तू काम कर। तुम चुप करो।

वह सब तरह के काम करता। यह काम उसी ने किया।

तुम कुछ मत करना। वह काम अवश्य करे।

मोहन यही काम करेगा। आप कुछ हमारे लिए कीजिए।

'कर' क्रियामूल है। करता, किया, करना, करे, करो, करेगा, कीजिए आदि ये सभी 'कर' क्रियामूल (धातु) में ही विभिन्न प्रत्ययों के योग से बने 'कृदंत' शब्द हैं।

(iii) कृदंत और मूलक्रिया के संयुक्त रूप में, जैसे—

राम काम करता है।

पहले मोहन काम करता था।

उस लड़के ने यह काम किया हो।

उसे भी काम करना होगा।

(iv) क्रियामूल (धातु) से संबद्ध दो या दो से अधिक क्रियारूपों में, जैसे—

अँधेरा बढ़ता गया। बराबर चलते चलो।

वह पत्र लिख रहा था। चाँद निकलने लगा है।

उसे लिखते रहना चाहिए। उन्हें पत्र लिखा जा सकता है।

1. 'बढ़ता गया' क्रियापद में 'बढ़' और 'जा' दो क्रियामूलों (धातुओं) के कृदंत हैं।
2. 'चलते चलो' क्रियापद में 'चल' क्रियामूल (धातु) के ही दो विभिन्न कृदंत क्रियारूप हैं।
3. 'लिख रहा था' क्रियापद में 'लिख' स्वयं क्रियामूल है और 'रह' धातु का 'रहा' कृदंत है।
4. 'निकलने लगा' क्रियापद में 'निकल' और 'लग' दो क्रियामूलों (धातुओं) के कृदंत हैं।
5. 'लिखते रहना चाहिए' क्रियापद में लिख, रह और चाह इन तीन क्रियामूलों (धातुओं) के कृदंत हैं।
6. 'लिखा जा सकता है' क्रियापद में लिख, जा और सक तीन क्रियामूलों के क्रिया-रूप हैं।

1.4 : वाक्य में **क्रियामूल** (धातु) क्रियापद के रूप में भी प्रयुक्त होता है और क्रियापद के क्रियारूप में भी—

(क) क्रियापद रूप में

तू आ।

तू पत्र लिख।

तू वहाँ अभी जा।

(ख) कारखाना चल रहा है।

मैं देखता रह गया।

दरवाज़ा खुल जाएगा।

वह अब खा सकता है।

तू चलता चल।

तू बैठ जा।

वह कुछ तो कर पा रहा है।

उक्त उदाहरणों से प्रकट है कि क्रियामूल (धातु) कभी क्रियापद का रूप लेता है और कभी क्रियापद के क्रियारूप का।

1.5 : क्रियामूलों (धातुओं) में विभिन्न सात प्रत्ययों के योग से बने सात प्रकार के कृदंत क्रियापदों में प्रयुक्त होते हैं। ये प्रत्यय हैं—ता, आ, ना, ए, एगा, इए, और इएगा। 'इयो' प्रत्यय अवश्य है जिससे आइयो, जाइयो, खाइयो आदि क्रियापद बनते हैं, परंतु इधर अनेक वर्षों से इसका प्रयोग देखने में नहीं आया। आई, वाला, कर आदि ऐसे अनेक प्रत्यय और भी हैं जिनका योग क्रियामूलों (धातुओं) में होता है परंतु जिनसे क्रियारूप नहीं संज्ञाएँ, विशेषण, क्रियाविशेषण आदि विभिन्न शब्दभेदों के सूचक शब्द बनते हैं।

1.6 : अंतिम वर्ण के विचार से क्रियामूलों (धातुओं) के व्यंजनांत (जिनका अंतिम वर्ण व्यंजन हो) और स्वरांत (जिनका अंतिम वर्ण स्वर हो) दो वर्ग या भेद किये जाते हैं :

व्यंजनांत — उठ, बैठ, देख, सुन, लिख, पढ़, खेल, कूद, रह, सक आदि।

स्वरांत -- आ, जा, खा, पी, सी, चू, छू, दे, ले, बो, सो आदि।

आचार्य पं. किशोरीदास वाजपेयी उठ, बैठ, देख, सुन आदि क्रियामूलों (धातुओं) को स्वरांत ही मानते रहे हैं, व्यंजनांत नहीं। परंतु वैज्ञानिक परीक्षण के आधार पर आधुनिक भाषा वैज्ञानिकों ने सिद्ध किया है कि शब्द के अंतिम व्यंजन का अ स्वर मूक रहता है। इसलिए ऐसे शब्द व्यंजनांत ही माने जाते हैं।

व्यंजनांत क्रियामूलों (धातुओं) में उक्त सातों प्रत्ययों का योग सरलता से होता है :

तालिका : 1

क्रियामूल (धातु)	-ता प्रत्यय के योग से बने कृदंत	-आ प्रत्यय के योग से बने कृदंत	-ना प्रत्यय के योग से बने कृदंत	-ए प्रत्यय के योग से बने कृदंत	-एगा प्रत्यय के योग से बने कृदंत	-इए प्रत्यय के योग से बने कृदंत	-इएगा प्रत्यय के योग से बने कृदंत
उठ	उठता	उठा	उठना	उठे	उठेगा	उठिए	उठिएगा
उड़	उड़ता	उड़ा	उड़ना	उड़े	उड़ेगा	उड़िए	उड़िएगा
उतर	उतरता	उतरा	उतरना	उतरे	उतरेगा	उतरिए	उतरिएगा
कर	करता	करा	करना	करे	करेगा	करिए	करिएगा
कह	कहता	कहा	कहना	कहे	कहेगा	कहिए	कहिएगा
काँप	काँपता	काँपा	काँपना	काँपे	काँपेगा	काँपिए	काँपिएगा
खिल	खिलता	खिला	खिलना	खिले	खिलेगा	खिलिए	खिलिएगा
खुल	खुलता	खुला	खुलना	खुले	खुलेगा	खुलिए	खुलिएगा
खेल	खेलता	खेला	खेलना	खेले	खेलेगा	खेलिए	खेलिएगा
गिर	गिरता	गिरा	गिरना	गिरे	गिरेगा	गिरिए	गिरिएगा
चढ़	चढ़ता	चढ़ा	चढ़ना	चढ़े	चढ़ेगा	चढ़िए	चढ़िएगा
चमक	चमकता	चमका	चमकना	चमके	चमकेगा	चमकिए	चमकिएगा
चल	चलता	चला	चलना	चले	चलेगा	चलिए	चलिएगा
चाह	चाहता	चाहा	चाहना	चाहे	चाहेगा	चाहिए	चाहिएगा
चिढ़	चिढ़ता	चिढ़ा	चिढ़ना	चिढ़े	चिढ़ेगा	चिढ़िए	चिढ़िएगा

(क्रमशः)

क्रियामूल (धातु)	-ता प्रत्यय के योग से बने कृदंत	-आ प्रत्यय के योग से बने कृदंत	-ना प्रत्यय के योग से बने कृदंत	-ए प्रत्यय के योग से बने कृदंत	-एगा प्रत्यय के योग से बने कृदंत	-इए प्रत्यय के योग से बने कृदंत	-इएगा प्रत्यय के योग से बने कृदंत
छूट	छूटता	छूटा	छूटना	छूटे	छूटेगा	छूटिए	छूटिएगा
जल	जलता	जला	जलना	जले	जलेगा	जलिए	जलिएगा
टूट	टूटता	टूटा	टूटना	टूटे	टूटेगा	टूटिए	टूटिएगा
डर	डरता	डरा	डरना	डरे	डरेगा	डरिए	डरिएगा
देख	देखता	देखा	देखना	देखे	देखेगा	देखिए	देखिएगा
निकल	निकलता	निकला	निकलना	निकले	निकलेगा	निकलिए	निकलिएगा
पढ़	पढ़ता	पढ़ा	पढ़ना	पढ़े	पढ़ेगा	पढ़िए	पढ़िएगा
पहुँच	पहुँचता	पहुँचा	पहुँचना	पहुँचे	पहुँचेगा	पहुँचिए	पहुँचिएगा
बँट	बँटता	बँटा	बँटना	बँटे	बँटेगा	बँटिए	बँटिएगा
बाँट	बाँटता	बाँटा	बाँटना	बाँटे	बाँटेगा	बाँटिए	बाँटिएगा
बैठ	बैठता	बैठा	बैठना	बैठे	बैठेगा	बैठिए	बैठिएगा
मिल	मिलता	मिला	मिलना	मिले	मिलेगा	मिलिए	मिलिएगा
रह	रहता	रहा	रहना	रहे	रहेगा	रहिए	रहिएगा
लिख	लिखता	लिखा	लिखना	लिखे	लिखेगा	लिखिए	लिखिएगा
सक	सकता	सका	सकना	सके	सकेगा	सकिए	सकिएगा
सुन	सुनता	सुना	सुनना	सुने	सुनेगा	सुनिए	सुनिएगा
हँस	हँसता	हँसा	हँसना	हँसे	हँसेगा	हँसिए	हँसिएगा

1.7 : व्यंजनांत क्रियामूल (धातु) 'कर' में आ, इए और इएगा इन तीन प्रत्ययों के योग से क्रमशः **करा, करिए** और **करिएगा** कृदंत अवश्य बनते तथा प्रयुक्त भी होते हैं परंतु प्रयोग में इनकी अपेक्षा क्रमशः **किया, कीजिए** और **कीजिएगा** ही अधिक प्रशस्त माने जाते हैं।

तालिका : 2

क्रियामूल (धातु)	प्रत्यय						
	–ता	–आ	–ना	–ए	–एगा	–इए	–इएगा
कर	करता	i- करा ii- **किया**	करना	करे	करेगा	i- करिए ii- **कीजिए**	i- करिएगा ii- **कीजिएगा**

1.8 : आकारांत, ईकारांत, एकारांत तथा ओकारांत क्रियामूलों (धातुओं) में 'आ' प्रत्यय का योग होने पर 'य्' की श्रुति होती है।

1.9 : आ, ए और एगा प्रत्ययों का योग होने पर क्रियामूलों (धातुओं) के अंत्य दीर्घ ई और ऊ स्वर ह्रस्व अर्थात् क्रमशः इ और उ हो जाते हैं।

1.10 : 'आ' प्रत्यय का योग होने पर 'दे' और 'ले' क्रियामूलों (धातुओं) का अंत्य ए स्वर इ में बदल जाता है।

तालिका : 3

क्रियामूल (धातु)	अंत्य स्वर का परिवर्तन	नियम	य् श्रुति नियम 1.8	आ प्रत्यय	कृदंत	नियम
आ	–		य्	+आ	आया	1.8
खा	–		य्	+आ	खाया	1.8
नहा	–		य्	+आ	नहाया	1.8
ला	–		य्	+आ	लाया	1.8
जी	ई→इ	1.9	य्	+आ	जिया	1.8
पी	ई→इ	1.9	य्	+आ	पिया	1.8
सी	ई→इ	1.9	य्	+आ	सिया	1.8
खे	–		य्	+आ	खेया	1.8
से	–		य्	+आ	सेया	1.8
दे	ए→इ	1.10	य्	+आ	दिया	1.8
ले	ए→इ	1.10	य्	+आ	लिया	1.8
बो	–		य्	+आ	बोया	1.8
सो	–		य्	+आ	सोया	1.8
चू	ऊ→उ	1.9	–	+आ	चुआ	—
छू	ऊ→उ	1.9	–	+आ	छुआ	—

1.11 : 'जा' और 'हो' स्वरांत क्रियामूलों (धातुओं) में 'आ' प्रत्यय का योग होने पर क्रमशः **'गया'** और **'हुआ'** अनियमित कृदंत बनते हैं। 'जा' क्रियामूल (धातु) से 'जाया' कृदंत भी बनता है पर उसका प्रयोग कुछ विशिष्ट परिस्थितियों में होता है।

तालिका : 4

क्रियामूल (धातु)	प्रत्यय	कृदंत
जा	+आ	i- जाया ii- **गया**
हो	+आ	**हुआ**

1.12 : दे, ले और हो क्रियामूलों (धातुओं) में 'ए' प्रत्यय का योग अप्रभावी या शून्य होता है :

तालिका : 5

क्रियामूल (धातु)	+ ए प्रत्यय कृदंत	+ एगा प्रत्यय कृदंत
खे	+ ए = खेए	+ एगा = खेएगा
से	+ ए = सेए	+ एगा = सेएगा
दे	**+ ए = दे**	**+ एगा = देगा**
ले	**+ ए = ले**	**+ एगा = लेगा**
बो	+ ए = बोए	+ एगा = बोएगा
सो	+ ए = सोए	+ एगा = सोएगा
हो	**+ ए = हो**	**+ एगा = होगा**

1.13 : पी, दे और ले क्रियामूलों (धातुओं) में 'इए' प्रत्यय का योग होने पर इनके क्रमशः पीजिए, दीजिए और लीजिए कृदंत बनते हैं तथा 'इएगा' प्रत्यय का योग होने पर पीजिएगा, दीजिएगा और लीजिएगा कृदंत बनते हैं :

तालिका : 6

क्रियामूल (धातु)	+इए प्रत्यय	+इएगा प्रत्यय
आ	+ इए = आइए	+ एगा = आइएगा
खा	+ इए = खाइए	+ एगा = खाइएगा
जा	+ इए = जाइए	+ एगा = जाइएगा
ला	+ इए = लाइए	+ एगा = लाइएगा
सी	+ इए = सीइए	+ एगा = सीइएगा
पी	**+ इए = पीजिए**	**+ एगा = पीजिएगा**
दे	**+ इए = दीजिए**	**+ एगा = दीजिएगा**
ले	**+ इए = लीजिए**	**+ एगा = लीजिएगा**
छू	+ इए = छुइए	+ एगा = छुइएगा
बो	+ इए = बोइए	+ एगा = बोइएगा
सो	+ इए = सोइए	+ एगा = सोइएगा
हो	+ इए = होइए	+ एगा = होइएगा

कुछ प्रचलित आकारांत क्रियामूलों (धातुओं) से बने विभिन्न कृदंत जो क्रियापदों के रूप में प्रयुक्त होते हैं :

तालिका : 7

क्रियामूल (धातु)	कृदंत -ता प्रत्यय से बने	कृदंत -आ प्रत्यय से बने	कृदंत -ना प्रत्यय से बने	कृदंत -ए प्रत्यय से बने	कृदंत -एगा प्रत्यय से बने	कृदंत -इए प्रत्यय से बने	कृदंत -इएगा प्रत्यय से बने
उठा	उठाता	उठाया 1.8	उठाना	उठाए	उठाएगा	उठाइए	उठाइएगा
उड़ा	उड़ाता	उड़ाया 1.8	उड़ाना	उड़ाए	उड़ाएगा	उड़ाइए	उड़ाइएगा
कमा	कमाता	कमाया 1.8	कमाना	कमाए	कमाएगा	कमाइए	कमाइएगा
करा	कराता	कराया 1.8	कराना	कराए	कराएगा	कराइए	कराइएगा
खिला	खिलाता	खिलाया 1.8	खिलाना	खिलाए	खिलाएगा	खिलाइए	खिलाइएगा
गिरा	गिराता	गिराया 1.8	गिराना	गिराए	गिराएगा	गिराइए	गिराइएगा
चढ़ा	चढ़ाता	चढ़ाया 1.8	चढ़ाना	चढ़ाए	चढ़ाएगा	चढ़ाइए	चढ़ाइएगा
चला	चलाता	चलाया 1.8	चलाना	चलाए	चलाएगा	चलाइए	चलाइएगा
जगा	जगाता	जगाया 1.8	जगाना	जगाए	जगाएगा	जगाइए	जगाइएगा
जला	जलाता	जलाया 1.8	जलाना	जलाए	जलाएगा	जलाइए	जलाइएगा
डरा	डराता	डराया 1.8	डराना	डराए	डराएगा	डराइए	डराइएगा
दिखा	दिखाता	दिखाया 1.8	दिखाना	दिखाए	दिखाएगा	दिखाइए	दिखाइएगा

(क्रमशः)

क्रियामूल (धातु)	कृदंत -ता प्रत्यय से बने	कृदंत -आ प्रत्यय से बने	कृदंत -ना प्रत्यय से बने	कृदंत -ए प्रत्यय से बने	कृदंत -एगा प्रत्यय से बने	कृदंत -इए प्रत्यय से बने	कृदंत -इएगा प्रत्यय से बने
दौड़ा	दौड़ाता	दौड़ाया 1.8	दौड़ाना	दौड़ाए	दौड़ाएगा	दौड़ाइए	दौड़ाइएगा
नहला	नहलाता	नहलाया 1.8	नहलाना	नहलाए	नहलाएगा	नहलाइए	नहलाइएगा
नहा	नहाता	नहाया 1.8	नहाना	नहाए	नहाएगा	नहाइए	नहाइएगा
फैला	फैलाता	फैलाया 1.8	फैलाना	फैलाए	फैलाएगा	फैलाइए	फैलाइएगा
बना	बनाता	बनाया 1.8	बनाना	बनाए	बनाएगा	बनाइए	बनाइएगा
बैठा	बैठाता	बैठाया 1.8	बैठाना	बैठाए	बैठाएगा	बैठाइए	बैठाइएगा
रुला	रुलाता	रुलाया 1.8	रुलाना	रुलाए	रुलाएगा	रुलाइए	रुलाइएगा
लड़ा	लड़ाता	लड़ाया 1.8	लड़ाना	लड़ाए	लड़ाएगा	लड़ाइए	लड़ाइएगा
ला	लाता	लाया 1.8	लाना	लाए	लाएगा	लाइए	लाइएगा
लेटा	लेटाता	लेटाया 1.8	लेटाना	लेटाए	लेटाएगा	लेटाइए	लेटाइएगा
लौटा	लौटाता	लौटाया 1.8	लौटाना	लौटाए	लौटाएगा	लौटाइए	लौटाइएगा
सुला	सुलाता	सुलाया 1.8	सुलाना	सुलाए	सुलाएगा	सुलाइए	सुलाइएगा
हँसा	हँसाता	हँसाया 1.8	हँसाना	हँसाए	हँसाएगा	हँसाइए	हँसाइएगा

कुछ प्रचलित ईकारांत, ऊकारांत, एकारांत तथा ओकारांत क्रियामूलों (धातुओं) के विभिन्न कृदंत जो क्रियापदों एवं क्रियारूपों की तरह प्रयुक्त होते हैं :

तालिका : 8

क्रियामूल (धातु)	कृदंत -ता प्रत्यय से बने	कृदंत -आ प्रत्यय से बने	कृदंत -ना प्रत्यय से बने	कृदंत -ए प्रत्यय से बने	कृदंत -एगा प्रत्यय से बने	कृदंत -इए प्रत्यय से बने	कृदंत -इएगा प्रत्यय से बने
खे	खेता	खेया	खेना	खेए	खेएगा	खेइए	खेइएगा
जी	जीता	जिया	जीना	जिए	जिएगा 1.10	जीइए	जीइएगा
		1.8,1.9		1.9	1.9		
दे	देता	दिया	देना	दे	देगा	दीजिए	दीजिएगा
		1.8,1.10		1.12	1.12	1.13	1.13
पी	पीता	पिया	पीना	पिए	जिएगा	पीजिए	पीजिएगा
		1.8,1.9		1.9	1.10	1.13	1.13
ले	लेता	लिया	लेना	ले	लेगा	लीजिए	लीजिएगा
		1.8,1.10		1.12	1.13	1.13	1.13
सी	सीता	सिया	सीना	सिए	सिएगा	सीइए	सीइएगा
		1.8,1.9		1.9	1.9		

(क्रमशः)

क्रियामूल (धातु)	कृदंत -ता प्रत्यय से बने	कृदंत -आ प्रत्यय से बने	कृदंत -ना प्रत्यय से बने	कृदंत -ए प्रत्यय से बने	कृदंत -एगा प्रत्यय से बने	कृदंत -इए प्रत्यय से बने	कृदंत -इएगा प्रत्यय से बने
से	सेता	सेया 1.8	सेना	सेए	सेएगा	सेइए	सेइएगा
चू	चूता	चुआ 1.9	चूना	चुए 1.9	चुएगा	चुइए	चुइएगा
छू	छूता	छुआ 1.9	छूना	छुए 1.9	छुएगा 1.9	छुइए 1.9	छुइएगा 1.9
खो	खोता	खोया 1.8	खोना	खोए	खोएगा	खोइए	खोइएगा
बो	बोता	बोया 1.8	बोना	बोए	बोएगा	बोइए	बोइएगा
रो	रोता	रोया 1.8	रोना	रोए	रोएगा	रोइए	रोइएगा
सो	सोता	सोया 1.8	सोना	सोए	सोएगा	सोइए	सोइएगा
हो	होता	हुआ 1.11	होना	हो 1.12	होगा 1.12	होइए	होइएगा

1.14 : विभिन्न कृदंतों का नामकरण उनमें जुड़नेवाले प्रत्ययों के नाम पर कर सकते हैं— ताकृदंत, आकृदंत, नाकृदंत, एकृदंत, एगाकृदंत, इएकृदंत और इएगाकृदंत।*

1.15 : बारह प्रकार के विभिन्न एकल शब्द क्रियापदों के रूप में प्रयुक्त होते हैं, इन्हें हम एकपदीय क्रियापद कह सकते हैं—

(क) एकपदीय क्रियापद

(1) **क्रियामूल (धातु)**

तू यहाँ आ।
तू वहाँ जा।
तू फल खा।
तू चाय पी।
तू माता की सेवा कर।

(2) **ताकृंदत (क्रियामूल+ता प्रत्यय)**

वह प्रतिदिन हमारे यहाँ आता।
मैं चाँदनी का आनंद लेता।
अपने कपड़े मैं स्वयं धोता।
वह सुबह-शाम बाग में भी टहलता।

(3) **आकृदंत (क्रियामूल+आ प्रत्यय)**

वह दिल्ली से कल लौटा।
वह मेरे यहाँ ठहरा।
यहाँ इस वर्ष अत्यधिक पानी बरसा।
वह यहाँ पहले कभी नहीं आया।

(4) **नाकृदंत (क्रियामूल+ना प्रत्यय)**

तुम यहाँ अवश्य आना।
आप वहाँ कभी मत जाना।
तुम अपना समाचार देना।
उन्हें संदेश अवश्य पहुँचाना।

(5) **एकृदंत (क्रियामूल+ए प्रत्यय)**

वह पहले आए।
यह लड़का अभी वहाँ जाए।
वह आज होटल में ठहरे।
वह हम से बात करे।

(6) **एगाकृदंत (क्रियामूल + एगा प्रत्यय)**

अच्छा समय आएगा।

---

* कृदंतों का नामकरण अवश्य नया है परंतु वर्तमानकालिक, भूतकालिक आदि नामों की तरह भ्रामक नहीं।

बेटा धन कमाएगा।
विद्यालय कल खुलेगा।
हमारा देश सुखी और संपन्न बनेगा।

(7) **इएकृदंत (क्रियामूल+इए प्रत्यय)**

आप यह काम कीजिए।
आप दूसरों का कहा मानिए।
आप वहाँ हमारे साथ चलिए।
आप कभी यहाँ भी आइए।

(8) **इएगाकृदंत (क्रियामूल+इएगा प्रत्यय)**

आप अवश्य इसे पढ़िएगा।
आप पुस्तक अपने साथ लाइएगा।
आप इस बारे में भी सोचिएगा।
आप हम से फिर मिलिएगा।

(9) **है (मूलक्रिया)**

वह स्वस्थ है।
उसका नाम राधेमोहन है।
आज रविवार है।
यह आपका ही घर है।

(10) **था (मूलक्रिया)**

कल वह बीमार था।
वह छोटा-सा गाँव था।
वह प्रसिद्ध कहानी लेखक था।
उसके एक बेटा था।

(11) **हो (मूलक्रिया)**

शायद वह घर पर ही हो।
कहीं वह आज छुट्टी पर न हो।
शायद वहाँ आज कुछ हो।
अब तो तुम प्रसन्न हो।

(12) **होगा (मूलक्रिया)**

कल नया दिन होगा।
फिर उन दोनों में प्यार होगा।
आज गाना-बजाना होगा।
तुम्हारा भी गुणगान होगा।

1.16 : ऐसे क्रियापद जिनमें दो क्रियारूप होते हैं उन्हें द्विपदीय क्रियापद कहते हैं। द्विपदीय क्रियापदों के भी दो भेद हैं। पहला भेद है उन क्रियापदों का जिनमें पहला क्रियारूप किसी क्रियामूल (धातु) से संबद्ध होता है और दूसरा क्रियारूप कोई मूलक्रिया होती है। दूसरे भेद में वे क्रियापद सम्मिलित किए जाते हैं जिनमें दोनों क्रियारूप क्रियामूल (धातु) से संबद्ध होते हैं। दूसरे भेद के क्रियापदों पर विचार 'संयुक्त क्रियापदों की रूप-रचना' नामक प्रकरण में विस्तार से होगा।

1.17 : जब कोई मूलक्रिया किसी कृदंत के साथ क्रियापद में आती है तो उसकी संज्ञा 'सहायक क्रिया' होती है।

1.18 : ताकृदंत, आकृदंत तथा नाकृदंत क्रियारूपों के साथ सहायक क्रियाएँ द्विपदीय क्रियापदों की रचना करती हैं।

1.19 : क्रियामूलों, एकृदंतों, एगाकृदंतों, तथा इएगाकृदंतों के साथ सहायक क्रियाएँ द्विपदीय क्रियापदों की रचना नहीं करतीं।

1.20 : इएकृदंतों में मात्र 'चाहिए' इएकृदंत के साथ सहायक क्रियाएँ द्विपदीय क्रियापदों की रचना करती हैं। शेष इएकृदंत एकपदीय हैं। इस दृष्टि से इएकृदंतों के दो भेद हैं— (i) एकपदीय इएकृदंत और (ii) द्विपदीय इएकृदंत।

इएकृदंतों में मात्र 'चाहिए' इएकृदंत द्विपदीय है और अन्य सभी इएकृदंत एकपदीय हैं; अर्थात् उनके साथ मूलक्रियाओं का प्रयोग नहीं होता।

(ख) द्विपदीय क्रियापद

(i) **ताकृदंत + है**

लड़का आता है।
विद्यार्थी पत्र पढ़ता है।
किसान खेत जोतता है।
वह भोजन करता है।

(ii) **आकृदंत + है**

लड़का आया है।
विद्यार्थी ने पत्र पढ़ा है।
किसान ने खेत जोता है।
उसने भोजन किया है।

(iii) **नाकृदंत + है**

लड़के को आना है।
विद्यार्थी को पत्र पढ़ना है।
किसान को खेत जोतना है।
उसको भोजन करना है।

(iv) **इएकृदंत + है***

लड़के को कंप्यूटर चाहिए है।
विद्यार्थी को पत्र चाहिए है।
किसान को खेत चाहिए है।
उसको भोजन चाहिए है।

(v) **ताकृदंत + था**

लड़का आता था।
विद्यार्थी पत्र पढ़ता था।
किसान खेत जोतता था।
वह भोजन करता था।

(vi) **आकृदंत + था**

लड़का आया था।
विद्यार्थी ने पत्र पढ़ा था।
किसान ने खेत जोता था।
उसने भोजन किया था।

(vii) **नाकृदंत + था**

लड़के को आना था।
विद्यार्थी को पत्र पढ़ना था।
किसान को खेत जोतना था।
उसे भोजन करना था।

(viii) **इएकृदंत + था**

लड़के को कंप्यूटर चाहिए था।
विद्यार्थी को पत्र चाहिए था।
किसान को खेत चाहिए था।
उसको भोजन चाहिए था।

(ix) **ताकृदंत + हो**

वह आता हो।
वह पत्र पढ़ता हो।
किसान हल जोतता हो।
वह भोजन करता हो।

(x) **आकृंदत + हो**

वह आया हो।

* 'चाहिए है' के स्थान पर अब प्रायः 'चाहिए' से काम चलाए जाने की प्रवृत्ति प्रबल है।

उसने पत्र पढ़ा हो।
किसान ने हल जोता हो।
उसने भोजन किया हो।

(xi) **नाकृदंत + हो**

लड़के को आना हो।
विद्यार्थी को पत्र पढ़ना हो।
किसान को खेत जोतना हो।
उसको भोजन करना हो।

(xii) **इएकृदंत + हो**

लड़के को कंप्यूटर चाहिए हो।
विद्यार्थी को पत्र चाहिए हो।
किसान को खेत चाहिए हो।
उसको भोजन चाहिए हो।

(xiii) **ताकृदंत + होगा**

लड़का आता होगा।
विद्यार्थी पत्र पढ़ता होगा।
किसान खेत जोतता होगा।
वह भोजन करता होगा।

(xiv) **आकृदंत + होगा**

लड़का आया होगा।
विद्यार्थी ने पत्र पढ़ा होगा।
किसान ने खेत जोता होगा।
उसने भोजन किया होगा।

(xv) **नाकृदंत + होगा**

लड़के को आना होगा।
विद्यार्थी को पत्र पढ़ना होगा।
किसान को खेत जोतना होगा।
उसको भोजन करना होगा।

(xvi) **इएकृदंत + होगा**

लड़के को कंप्यूटर चाहिए होगा।
विद्यार्थी को पत्र चाहिए होगा।
किसान को खेत चाहिए होगा।
उसको भोजन चाहिए होगा।

क्रियापदों के उक्त विवरण को हम निम्नलिखित ढंग से भी प्रस्तुत कर सकते हैं—

'आ' क्रियामूल से बननेवाले द्विपदीय क्रियापद

तालिका : 9

ताकृदंत + मूलक्रिया	आकृदंत + मूलक्रिया	नाकृदंत + मूलक्रिया	इएकृदंत + मूलक्रिया
आता है	आया है	आना है	चाहिए है।*
आता था	आया था	आना था	चाहिए था।
आता हो	आया हो	आना हो	चाहिए हो।
आता होगा	आया होगा	आना होगा	चाहिए होगा।

'पढ़' क्रियामूल से बननेवाले द्विपदीय क्रियापद

तालिका : 10

ताकृदंत + मूलक्रिया	आकृदंत + मूलक्रिया	नाकृदंत + मूलक्रिया	इएकृदंत + मूलक्रिया
पढ़ता है	पढ़ा है	पढ़ना है	चाहिए है
पढ़ता था	पढ़ा था	पढ़ना था	चाहिए था
पढ़ता हो	पढ़ा हो	पढ़ना हो	चाहिए हो
पढ़ता होगा	पढ़ा होगा	पढ़ना होगा	चाहिए होगा

1.21 : एकपदीय क्रियापदों की संख्या 12 है और द्विपदीय क्रियापदों की संख्या 16 है। इस प्रकार कुल 28 क्रियापद हुए जिन्हें हम हिंदी भाषा के आधारभूत क्रियापद कह सकते हैं। इन्हें आधारभूत क्रियापद कहना इसलिए भी उचित है कि ये प्रकृति-प्रदत्त उपहार हैं तथा अन्य सभी प्रकार के क्रियापद इन्हीं के आधार पर बनते हैं।

तालिका : 11

आधारभूत क्रियापद (एकपदीय)	विभिन्न क्रियामूलों से बने आधारभूत क्रियापद
1. क्रियामूल (धातु)	आ, जा, पढ़, लिख
2. ताकृदंत	आता, जाता, पढ़ता, लिखता
3. आकृदंत	आया, गया, पढ़ा, लिखा
4. नाकृदंत	आना, जाना, पढ़ना, लिखना
5. एकृदंत	आए, जाए, पढ़े, लिखे
6. एगाकृदंत	आएगा, जाएगा, पढ़ेगा, लिखेगा
7. इएकृदंत	आइए, जाइए, पढ़िए, लिखिए (क्रमशः)

* मात्र चाहिए इएकृदंत के साथ मूल क्रियाओं का प्रयोग होता है। (नियम 1-20)

8. इएगाकृदंत	आइएगा, जाइएगा, पढ़िएगा, लिखिएगा
9. मूलक्रिया—है	है,
10. मूलक्रिया—था	था,
11. मूलक्रिया—हो	हो,
12. मूलक्रिया—होगा	होगा,

आधारभूत क्रियापद (द्विपदीय)	विभिन्न क्रियामूलों (धातुओं) से बने आधारभूत क्रियापद
13. ताकृदंत + है	आता है, जाता है, पढ़ता है, लिखता है,
14. ताकृदंत + था	आता था, जाता था, पढ़ता था, लिखता था
15. ताकृदंत + हो	आता हो, जाता हो, पढ़ता हो, लिखता हो
16. ताकृदंत + होगा	आता होगा, जाता होगा, पढ़ता होगा, लिखता होगा
17. आकृदंत + है	आया है, गया है, पढ़ा है, लिखा है,
18. आकृदंत + था	आया था, गया था, पढ़ा था, लिखा था,
19. आकृदंत+हो	आया हो, गया हो, पढ़ा हो, लिखा हो,
20. आकृदंत+होगा	आया होगा, गया होगा, पढ़ा होगा, लिखा होगा
21. नाकृदंत + है	आना है, जाना है, पढ़ना है, लिखना है,
22. नाकृदंत + था	आना था, जाना था, पढ़ना था, लिखना था
23. नाकृदंत + हो	आना हो, जाना हो, पढ़ना हो, लिखना हो
24. नाकृदंत + होगा	आना होगा, जाना होगा, पढ़ना होगा, लिखना होगा
25. इएकृदंत + है	चाहिए है,
26. इएकृदंत + था	चाहिए था,
25. इएकृदंत + हो	चाहिए हो,
28. इएकृदंत + होगा	चाहिए होगा।

◆

:: 2 ::

विकारी और अविकारी आधारभूत क्रियापद

2.1 : आधारभूत क्रियापदों के दो विभेद हैं—विकारी क्रियापद और अविकारी क्रियापद। जिन क्रियापदों में लिंग और वचन संबंधी विकार होते हैं, उन्हें विकारी आधारभूत क्रियापद कहते हैं और जो एकरूप रहते हैं अर्थात् लिंग-वचन संबंधी विकारों से अछूते रहते हैं, उन्हें अविकारी आधारभूत क्रियापद कहते हैं।

(i) विकारी आधारभूत क्रियापद

एकपदीय—

1. ताकृदंत
2. आकृदंत
3. एकृदंत
4. एगाकृदंत
5. मूलक्रिया—है
6. मूलक्रिया—था
7. मूलक्रिया—हो
8. मूलक्रिया—होगा

द्विपदीय—

9. ताकृदंत + है
10. ताकृदंत + था
11. ताकृदंत + हो
12. ताकृदंत + होगा
13. आकृदंत + है
14. आकृदंत + था
15. आकृदंत + हो
16. आकृदंत + होगा
17. नाकृदंत + है
18. नाकृदंत + था
19. नाकृदंत + हो
20. नाकृदंत + होगा

21. *इएकृदंत + है
22. *इएकृदंत + था
23. *इएकृदंत + हो
24. *इएकृदंत + होगा

कुल 28 आधारभूत क्रियापदों में से 24 विकारी आधारभूत क्रियापद हैं और 4 अविकारी आधारभूत क्रियापद हैं।

(ii) अविकारी आधारभूत क्रियापद

1. क्रियामूल (धातु) 2. एकपदीय नाकृदंत 3. इएकृदंत 4. इएगाकृदंत।

उक्त चारों क्रियापदों के रूप में परिवर्तन नहीं होता। ध्यान रहे कि एकपदीय नाकृदंत क्रियापद तो अविकारी है परंतु द्विपदीय नाकृदंत क्रियापद विकारी है।

2.2 : लिंग और वचन के अनुसार होनेवाले विकारों के आधार पर विकारी आधारभूत क्रियापदों की चार कोटियाँ हैं—

(i) पुंलिंग-एकवचन कोटि—प्रथम कोटि
(ii) स्त्रीलिंग-एकवचन कोटि—द्वितीय कोटि
(iii) पुंलिंग-बहुवचन कोटि—तृतीय कोटि
(iv) स्त्रीलिंग-बहुवचन कोटि—चतुर्थ कोटि

2.3 : विकारी आधारभूत क्रियापद रूप-रचना की दृष्टि से प्रथम कोटि का प्रतिनिधित्व करते हैं, अर्थात् सभी पुंलिंग-एकवचन कोटि के हैं।

(i) विकारी क्रियापदों की प्रथम कोटि—पुंलिंग-एकवचन कोटि

तालिका : 12

आधारभूत क्रियापद	आ क्रियामूल से बने	जा क्रियामूल से बने	देख क्रियामूल से बने	पढ़ क्रियामूल से बने	मूलक्रिया से बने
एकपदीय क्रियापद					
1. ताकृदंत	आता	जाता	देखता	पढ़ता	—
2. आकृदंत	आया	गया	देखा	पढ़ा	—
3. एकृदंत	आए	जाए	देखे	पढ़े	—
4. एगाकृदंत	आएगा	जाएगा	देखेगा	पढ़ेगा	—
5. मूलक्रिया—है	—	—	—	—	है
6. मूलक्रिया—था	—	—	—	—	था
7. मूलक्रिया—हो	—	—	—	—	हो
8. मूलक्रिया—होगा	—	—	—	—	होगा

(क्रमशः)

* इएकृदंत (नियम 1.20) अविकारी है और सहायक क्रिया विकारी। इस प्रकार इएकृदंत में तो विकार नहीं होगा परंतु सहायक क्रियाओं में विकार होगा।

आधारभूत क्रियापद	आ क्रियामूल से बने	जा क्रियामूल से बने	देख क्रियामूल से बने	पढ़ क्रियामूल से बने	चाह क्रियामूल से बने
द्विपदीय क्रियापद					
9. ताकृदंत+है	आता है	जाता है	देखता है	पढ़ता है	चाहता है
10. ताकृदंत+था	आता था	जाता था	देखता था	पढ़ता था	चाहता था
11. ताकृदंत+हो	आता हो	जाता हो	देखता हो	पढ़ता हो	चाहता हो
12. ताकृदंत+होगा	आता होगा	जाता होगा	देखता होगा	पढ़ता होगा	चाहता होगा
13. आकृदंत+है	आया है	गया है	देखा है	पढ़ा है	चाहा है
14. आकृदंत+था	आया था	गया था	देखा था	पढ़ा था	चाहा था
15. आकृदंत+हो	आया हो	गया हो	देखा हो	पढ़ा हो	चाहा हो
16. आकृदंत+होगा	आया होगा	गया होगा	देखा होगा	पढ़ा होगा	चाहा होगा
17. नाकृदंत+है	आना है	जाना है	देखना है	पढ़ना है	चाहना है
18. नाकृदंत+था	आना था	जाना था	देखना था	पढ़ना था	चाहना था
19. नाकृदंत+हो	आना हो	जाना हो	देखना हो	पढ़ना हो	चाहना हो
20. नाकृदंत+होगा	आना होगा	जाना होगा	देखना होगा	पढ़ना होगा	चाहना होगा
21. इएकृदंत+है*	—	—	—	—	चाहिए है
22. इएकृदंत+था	—	—	—	—	चाहिए था
23. इएकृदंत+हो	—	—	—	—	चाहिए हो
24. इएकृदंत+होगा	—	—	—	—	चाहिए होगा

(ii) विकारी क्रियापदों की द्वितीय कोटि—स्त्रीलिंग-एकवचन कोटि

2.4 : विकारी आधारभूत क्रियापदों की दूसरी कोटि स्त्रीलिंग-एकवचन क्रियापदों का प्रतिनिधित्व करती है। स्त्रीलिंग-एकवचन कोटि के क्रियापदों की रचना करते समय आधारभूत पुंलिंग-एकवचन कोटि के क्रियापदों के आकारांत कृदंतों तथा मूल/सहायक क्रियाओं को ईकारांत करते हैं और जिन आकृदंतों का अंतिम वर्ण-समूह 'इया' है वह 'ई' में परिवर्तित हो जाता है।

किया, दिया, लिया, पिया, जिया आदि जिन आकृदंतों का अंतिम वर्ण-समूह 'इया' है, उसके 'ई' में परिवर्तित होने पर क्रमशः की, दी, ली, पी, जी आदि स्त्रीलिंग रूप बनेंगे।

2.5 : विकारी आधारभूत क्रियापदों में लिंग-वचन संबंधी परिवर्तन करते समय य् श्रुति का विकल्प से लोप होता है।

सामान्यतः आया, गया, लाया आदि आकारांत कृदंतों का स्त्रीलिंग रूप क्रमशः आयी, गयी, लायी बनता है। विकल्प से आई, गई, लाई भी बनाया जा सकता है।

* 'चाह' क्रियामूल से बने 'चाहिए' इएकृदंत के साथ मूल क्रियाओं का प्रयोग होता है।

तालिका : 15

विकारी आधारभूत क्रियापदों की द्वितीय कोटि—स्त्रीलिंग-एकवचन

विकारी आधारभूत क्रियापद	'आ' क्रियामूल (धातु) के विकारी क्रियापद		'जा' क्रियामूल (धातु) के क्रियापद	
	प्रथम कोटि पुंलिंग-एकवचन विकारी आधारभूत क्रियापद	द्वितीय कोटि स्त्रीलिंग-एकवचन विकारी आधारभूत क्रियापद	प्रथम कोटि पुंलिंग-एकवचन विकारी आधारभूत क्रियापद	द्वितीय कोटि स्त्रीलिंग-एकवचन विकारी आधारभूत क्रियापद
1. ताकृदंत	आता — आ/ई	आती	जाता — आ/ई	जाती
2. आकृदंत	आया — आ/ई	आयी	गया — आ/ई	गयी
3. एकृदंत	आए —	जाए —	जाए —	जाए
4. एगाकृदा	आएगा — आ/ई	आएगी	जाएगा — आ/ई	जाएगी
5. क्रियामूल है	है — है	है	है	है
6. क्रियामूल था	था — आ/ई	थी	था — आ/ई	थी
7. क्रियामूल हो	हो —	हो	हो —	हो
8. क्रियामूल होगा	होगा — आ/ई	होगी	होगा — आ/ई	होगी
9. ताकृदंत + है	आता है — आ/ई	आती है	जाता है — आ/ई	जाती है
10. ताकृदंत + था	आता था — आ/ई	आती थी	जाता था — आ/ई	जाती थी
11. ताकृदंत + हो	आता हो — आ/ई	आती हो	जाता हो — आ/ई	जाती हो
12. ताकृदंत + होगा	आता होगा — आ/ई	आती होगी	जाता होगा — आ/ई	जाती होगी
13. आकृदंत + है	आया है — आ/ई	आयी है	गया है — आ/ई	गयी है

(क्रमशः)

	विकारी आधारभूत क्रियापद	'आ' क्रियामूल (धातु) के विकारी क्रियापद		'जा' क्रियामूल (धातु) के क्रियापद	
		प्रथम कोटि पुंलिंग-एकवचन विकारी आधारभूत क्रियापद	द्वितीय कोटि स्त्रीलिंग-एकवचन विकारी आधारभूत क्रियापद	प्रथम कोटि पुंलिंग एकवचन विकारी आधारभूत क्रियापद	द्वितीय कोटि स्त्रीलिंग-एकवचन विकारी आधारभूत क्रियापद
14.	आकृदंत + था	आया था — आ/ई	आयी थी	गया था — आ/ई	गयी थी
15.	आकृदंत + हो	आया हो — आ/ई	आयी हो	गया हो — आ/ई	गयी हो
16.	आकृदंन + होगा	आया होगा — आ/ई	आयी होगी	गया होगा — आ/ई	गयी होगी
17.	नाकृदंत + है	आना है — आ/ई	आनी है	जाना है — आ/ई	जानी है
18.	नाकृदंत + था	आना था — आ/ई	आनी थी	जाना था — आ/ई	जानी थी
19.	नाकृदंत + हो	आना हो — आ/ई	आनी हो	जाना हो — आ/ई	जानी हो
20.	नाकृदंत + होगा	आना होगा — आ/ई	आनी होगी	जाना होगा — आ/ई	जानी होगी
21.	इएकृदंत + है	*चाहिए है —	चाहिए है		
22.	इएकृदंत + था	चाहिए था — आ/ई	चाहिए थी		
23.	इएकृदंत + हो	चाहिए हो —	चाहिए हो		
24.	इएकृदंत + होगा	चाहिए होगा — आ/ई	चाहिए होगी		

* मात्र 'चाहिए' इएकृदंत के साथ क्रियामूल प्रयुक्त होते हैं।

(iii) विकारी आधारभूत क्रियापदों की तृतीय कोटि—पुंलिंग-बहुवचन

2.6 : विकारी आधारभूत पुंलिंग एकवचन कोटि के क्रियापदों को तृतीय कोटि पुंलिंग-बहुवचन कोटि में परिवर्तित करते समय आकारांत कृदंतों और मूल/सहायक क्रियाओं को एकारांत करते हैं तथा मूल/सहायक क्रियाओं के ए, ऐ और ओ स्वरों को अनुनासिक भी करते हैं।

यहाँ इस बात का ध्यान रखें कि 'चाहिए' और 'चाहिएगा' अविकारी क्रियापद (नियम 2.1) हैं। इनके 'ए' स्वर अनुनासिक नहीं होंगे।

तालिका : 14

विकारी आधारभूत क्रियापदों की तृतीय कोटि—पुंलिंग-बहुवचन कोटि

विकारी आधारभूत क्रियापद	पुंलिंग एकवचन रूप प्रथम कोटि	पुंलिंग बहुवचन रूप तृतीय कोटि
1. ताकृदंत	आता—आ/ए	आते
2. आकृदंत	आया—आ/ए	आये
3. एकृदंत	आए—ए/एँ	आएँ
4. एगाकृदंत	आएगा—ए/एँ, आ/ए	आएँगे
5. क्रियामूल—है	है—ऐ/ऐं	हैं
6. क्रियामूल—था	था—आ/ए	थे
7. क्रियामूल—हो	हो—ओ/ओं	हों
8. क्रियामूल—होगा	होगा—ओ/ओ, आ/ए	होंगे
9. ताकृदंत+है	आता है—आ/ए, ए/एँ	आते हैं
10. ताकृदंत+था	आता था—आ/ए	आते थे
11. ताकृदंत+हो	आता हो—आ/ए, ओ/ओं	आते हों
12. ताकृदंत+होगा	आता होगा—आ/ए,ओ/ओं	आते होंगे
13. आकृदंत+है	आया है—आ/ए, ऐ/ऐं	आये हैं
14. आकृदंत+था	आया था—आ/ए	आये थे
15. आकृदंत+हो	आया हो—आ/ए, ओ/ओं	आये हों
16. आकृदंत+होगा	आया होगा—आ/ए,ऐ/ऐं	आये होंगे
17. नाकृदंत+है	आना है—आ/ए, ऐ/ऐं	आने हैं
18. नाकृदंत+था	आना था—आ/ए, आ/ए	आने थे
19. नाकृदंत+हो	आना हो—आ/ए, ओ/ओं	आने हों
20. नाकृदंत+होगा	आना होगा—आ/ए, ओ/ओं	आने होंगे
21. इएकृदंत+है	चाहिए है—ऐ/ऐं	चाहिए हैं
22. इएकृदंत+था	चाहिए था—आ/ए	चाहिए थे
23. इए कृदंत+हो	चाहिए हो—ओ/ओं	चाहिए हों
24. इए कृदंत+होगा	चाहिए होगा—ओ/ओं,आ/ए	चाहिए होंगे

(iv) विकारी आधारभूत क्रियापदों की चतुर्थ कोटि—स्त्रीलिंग-बहुवचन कोटि

2.7 : विकारी आधारभूत क्रियापदों के स्त्रीलिंग एकवचन कोटि के क्रियापदों को स्त्रीलिंग बहुवचन कोटि में ढालते समय ए, ऐ और ओ स्वरों को अनुनासिक करते हैं।

2.8 : ए, ऐ और ओ स्वरों की अनुपस्थिति में ईकारांत स्वर अनुनासिक होता है। यदि ईकारांत कई स्वर हों तो अंतिम अनुनासिक होगा।

तालिका : 15

विकारी आधारभूत क्रियापदों की स्त्रीलिंग-बहुवचन कोटि

आधारभूत विकारी क्रियापद	स्त्रीलिंग-एकवचन कोटि	स्त्रीलिंग-बहुवचन कोटि	
1. ताकृदंत—आता	आती 2.8	ई→ईं	आतीं
2. आकृदंत—आया	आयी 2.8	ई→ईं	आयीं
3. एकृदंत—आए	आए 2.7	ए→एँ	आएँ
4. एगाकृदंत-आएगा	आएगी 2.7	ए→एँ	आएँगी
5. क्रियामूल—है	है 2.7	ऐ→ऐं	हैं
6. क्रियामूल—था	थी 2.8	ई→ईं	थीं
7. क्रियामूल—हो	हो 2.7	ओ→ओं	हों
8. क्रियामूल—होगा	होगी 2.7	ओ→ओं	होंगी
9. ताकृदंत+है—आता है	आती है 2.8	ऐ→ऐं	आती हैं
10. ताकृदंत+था—आता था	आती थी 2.8	ई→ईं	आती थीं
11. ताकृदंत+हो—आता हो	आती हो 2.7	ओ→ओं	आती हों
12. ताकृदंत+होगा—आता होगा	आती होगी 2.7	ओ→ओं	आती होंगी
13. आकृदंत+है—आया है	आयी है 2.7	ऐ→ऐं	आयी हैं
14. आकृदंत+था—आया था	आयी थी 2.8	ई→ईं	आयी थीं
15. आकृदंत+हो—आया हो	आयी हो 2.7	ओ→ओं	आयी हों
16. आकृदंत+होगा—आया होगा	आयी होगी 2.7	ओ→ओं	आयी होंगी
17. नाकृदंत+है—आना है	आनी है 2.7	ऐ→ऐं	आनी हैं
18. नाकृदंत+था—आना था	आनी थी 2.8	ई→ईं	आनी थीं
19. नाकृदंत+हो—आना हो	आनी हो 2.7	ओ→ओं	आनी हों
20. नाकृदंत+होगा—आना होगा	आनी होगी 2.7	ओ→ओं	आनी होंगी
21. इएकृदंत+है—चाहिए है	चाहिए है 2.7	ऐ→ऐं	चाहिए× हैं
22. इएकृदंत+था—चाहिए था	चाहिए थी 2.8	ई→ईं	चाहिए थीं
23. इएकृदंत+हो—चाहिए हो	चाहिए हो 2.7	ओ/ओं	चाहिए हों
24. इएकृदंत+होगा—चाहिए होगा	चाहिए होगी 2.7	ओ/ओं	चाहिए होंगी

आधारभूत क्रियापदों की चारों कोटियों में होनेवाले क्रियारूप एक साथ देखें—

तालिका : 16

विकारी आधारभूत क्रियापद	पुंलिंग-एकवचन प्रथम कोटि	स्त्रीलिंग-एकवचन द्वितीय कोटि	पुंलिंग-बहुवचन तृतीय कोटि	स्त्रीलिंग-बहुवचन चतुर्थ कोटि
'आ' क्रियामूल से संबद्ध				
1. ताकृदंत	आता	आती	आते	आतीं
2. आकृदंत	आया	आयी	आये	आयीं
3. एकृदंत	आए	आए	आएँ	आएँ
4. एगाकृदंत	आएगा	आएगी	आएँगे	आएँगी
5. क्रियामूल—है	है	है	हैं	हैं
6. क्रियामूल—था	था	थी	थे	थीं
7. क्रियामूल—हो	हो	हो	हों	हों
8. क्रियामूल—होगा	होगा	होगी	होंगे	होंगी
9. ताकृदंत+है	आता है	आती है	आते हैं	आती हैं
10. ताकृदंत+था	आता था	आती थी	आते थे	आती थीं
11. ताकृदंत+हो	आता हो	आती हो	आते हों	आती हों
12. ताकृदंत+होगा	आता होगा	आती होगी	आते होंगे	आती होंगी
13. आकृदंत+है	आया है	आयी है	आये हैं	आयी हैं
14. आकृदंत+था	आया था	आयी थी	आये थे	आयी थीं
15. आकृदंत+हो	आया हो	आयी हो	आये हों	आयी हों
16. आकृदंत+होगा	आया होगा	आयी होगी	आये होंगे	आयी होंगी
17. नाकृदंत+है	आना है	आनी है	आने हैं	आनी हैं
18. नाकृदंत+था	आना था	आनी थी	आने थे	आनी थीं
19. नाकृदंत+हो	आना हो	आनी हो	आने हों	आनी हों
20. नाकृदंत+होगा	आना होगा	आनी होगी	आने होंगे	आनी होंगी
21. इएकृदंत+है	चाहिए है	चाहिए है	चाहिए हैं	चाहिए हैं
22. इएकृदंत+था	चाहिए था	चाहिए थी	चाहिए थे	चाहिए थीं
23. इएकृदंत+हो	चाहिए हो	चाहिए हो	चाहिए हों	चाहिए हों
24. इएकृदंत+होगा	चाहिए होगा	चाहिए होगी	चाहिए होंगे	चाहिए होंगी

तालिका : 17

विकारी आधारभूत क्रियापद	पुंलिंग-एकवचन प्रथम कोटि	स्त्रीलिंग-एकवचन द्वितीय कोटि	पुंलिंग-बहुवचन तृतीय कोटि	स्त्रीलिंग-बहुवचन चतुर्थ कोटि
'जा' क्रियामूल (धातु) से संबद्ध				
1. ताकृदंत	जाता	जाती	जाते	जातीं
2. आकृदंत	गया	गयी	गये	गयीं
3. एकृदंत	जाए	जाए	जाएँ	जाएँ
4. एगाकृदंत	जाएगा	जाएगी	जाएँगे	जाएँगी
5. क्रियामूल—है	है	है	हैं	हैं
6. क्रियामूल—था	था	थी	थे	थीं
7. क्रियामूल—हो	हो	हो	हों	हों
8. क्रियामूल—होगा	होगा	होगी	होंगे	होंगी
9. ताकृदंत+है	जाता है	जाती है	जाते हैं	जाती हैं
10. ताकृदंत+था	जाता था	जाती थी	जाते थे	जाती थीं
11. ताकृदंत+हो	जाता हो	जाती हो	जाते हों	जाती हों
12. ताकृदंत+होगा	जाता होगा	जाती होगी	जाते होंगे	जाती होंगी
13. आकृदंत+है	गया है	गयी है	गये हैं	गयी हैं
14. आकृदंत+था	गया था	गयी थी	गये थे	गयी थीं
15. आकृदंत+हो	गया हो	गयी हो	गये हों	गयी हों
16. आकृदंत+होगा	गया होगा	गयी होगी	गये होंगे	गयी होंगी
17. नाकृदंत+है	जाना है	जानी है	जाने हैं	जानी हैं
18. नाकृदंत+था	जाना था	जानी थी	जाने थे	जानी थीं
19. नाकृदंत+हो	जाना हो	जानी हो	जाने हों	जानी हों
20. नाकृदंत+होगा	जाना होगा	जानी होगी	जाने होंगे	जानी होंगी
21. इएकृदंत+है	चाहिए है	चाहिए है	चाहिए हैं	चाहिए हैं
22. इएकृदंत+था	चाहिए था	चाहिए थी	चाहिए थे	चाहिए थीं
23. इएकृदंत+हो	चाहिए हो	चाहिए हो	चाहिए हों	चाहिए हों
24. इएकृदंत+होगा	चाहिए होगा	चाहिए होगी	चाहिए होंगे	चाहिए होंगी

कर्ता-अनुगामी तथा कर्मादि-अनुगामी आधारभूत क्रियापद

2.9 : प्रयोग-भेद के अनुसार **विकारी** आधारभूत क्रियापदों का एक वर्ग ऐसा है (क) जो संज्ञा रूप में प्रयुक्त वाक्य के कर्तापद के लिंग-वचन-पुरुष का अनुगमन करता है और (ख) दूसरा वर्ग ऐसा है जिसके लिंग-वचन का निर्धारण कर्ता के लिंग-वचन से नहीं होता वरन् अन्य विभिन्न परिस्थितियों पर निर्भर करता है। अर्थात् (i) एक परिस्थिति में कर्मपद के लिंग-वचन का अनुगमन करता है, (ii) दूसरी परिस्थिति में आधारभूत क्रियापद की पुंलिंग एकवचन प्रथम कोटि का वरण करता है और (iii) तीसरी परिस्थिति में कर्तापद के लिंग-वचन का अनुगमन करता है। कर्ता के लिंग-वचन-पुरुष का अनुगमन करनेवाले क्रियापदों के वर्ग को हम 'कर्ता-अनुगामी' भी कह सकते हैं और दूसरे वर्ग को 'कर्मादि-अनुगामी' वर्ग कह सकते हैं। दोनों वर्गों के क्रियापदों की मुख्य पहचान यह है कि कर्ता-अनुगामी क्रियापदों का कर्तापद बिना किसी परसर्ग के प्रयुक्त होता है और कर्मादि-अनुगामी क्रियापदों का कर्तापद सदा किसी परसर्ग के सहित प्रयुक्त होता है।

(क) कर्ता-अनुगामी विकारी आधारभूत क्रियापदों का वर्ग—

इस वर्ग के क्रियापदों की विशेषता यह है कि (i) यदि कर्तापद संज्ञा पुंलिंग-एकवचन है तो क्रियापद भी पुंलिंग-एकवचन कोटि का रहेगा; (ii) यदि कर्तापद स्त्रीलिंग-एकवचन है तो क्रियापद भी स्त्रीलिंग-एकवचन कोटि का रहेगा; (iii) यदि कर्तापद संज्ञा पुंलिंग-बहुवचन है तो क्रियापद भी पुंलिंग-बहुवचन कोटि का रहेगा और (iv) यदि कर्तापद संज्ञा स्त्रीलिंग-बहुवचन है तो क्रियापद भी स्त्रीलिंग-बहुवचन कोटि का होगा।

(I) **कर्ता-अनुगामी विकारी एकपदीय आधारभूत क्रियापद—**

ताकृदंत
एकृदंत
एगाकृदंत
मूलक्रिया—है
मूलक्रिया—था।
मूलक्रिया—हो।
मूलक्रिया—होगा।

(II) **कर्ता-अनुगामी विकारी द्विपदीय आधारभूत क्रियापद—**

ताकृदंत+है
ताकृदंत+था
ताकृदंत+हो
ताकृदंत+होगा

(III) **अकर्मक क्रियामूल (धातु) से बने विकारी आकृदंत एकपदीय तथा द्विपदीय क्रियापद—**

आकृदंत
आकृदंत+है
आकृदंत+था
आकृदंत+हो
आकृदंत+होगा

(IV) **विकारी सकर्मक 'ला' क्रियामूल (धातु) से बने एकपदीय तथा द्विपदीय आकृदंत क्रियापद—**

आकृदंत—लाया

आकृदंत+है—लाया है

आकृदंत+था—लाया था

आकृदंत+हो—लाया हो

आकृदंत+होगा—लाया होगा

'आ' क्रियामूल (धातु) के कर्ता-अनुगामी विविध क्रियापदों के कर्तापद के रूप में संज्ञा पुंलिंग-एकवचन—लड़का; संज्ञा स्त्रीलिंग-एकवचन—लड़की; संज्ञा पुंलिंग-बहुवचन—लड़के और संज्ञा स्त्रीलिंग-बहुवचन—लड़कियाँ के साथ निम्नलिखित तालिका में दरशाया गया है—

तालिका : 18

अकर्मक क्रियामूल (धातु)-आ से बने कर्तृवाच्य विकारी आधारभूत क्रियापद	**'लड़का' कर्तापद पुंलिंग-एकवचन**	**'लड़की' कर्तापद स्त्रीलिंग-एकवचन**	**'लड़के' कर्तापद पुंलिंग-बहुवचन**	**'लड़कियाँ' कर्तापद स्त्रीलिंग-बहुवचन**
(i) ताकृदंत-आता	आता	आती	आते	आतीं
एकृदंत-आए	आए	आए	आएँ	आएँ
एगाकृदंत-आएगा	आएगा	आएगी	आएँगे	आएँगी
मूलक्रिया—है	है	है	हैं	हैं
मूलक्रिया—था	था	थी	थे	थीं
क्रियामूल—हो	हो	हो	हों	हों
क्रियामूल—होगा	होगा	होगी	होंगे	होंगी
(ii) ताकृदंत+है—आता है	आता है	आती है	आते हैं	आती हैं
ताकृदंत+था—आता था	आता था	आती थी	आते थे	आती थीं
ताकृदंत+हो—आता हो	आता हो	आती हो	आते हों	आती हों
ताकृदंत+होगा—आता होगा	आता होगा	आती होगी	आते होंगे	आती होंगी
(iii) अकर्मक आकृदंत—आया	आया	आयी	आये	आयीं
आकृदंत—आया				
आकृदंत+है	आया है	आयी है	आये हैं	आयी हैं
आकृदंत+था	आया था	आयी थी	आये थे	आयी थीं
आकृदंत+हो	आया हो	आयी हो	आये हों	आयी हों
आकृदंत+होगा	आया होगा	आयी होगी	आये होंगे	आयी होंगी
(iv) सकर्मक आकृदंत—लाया				
आकृदंत—लाया	लाया	लायी	लाये	लायीं
आकृदंत+है	लाया है	लायी है	लाये हैं	लायी हैं
आकृदंत+था	लाया था	लायी थी	लाये थे	लायी थीं
आकृदंत+हो	लाया हो	लायी हो	लाये हों	लायी हों
आकृदंत+होगा	लाया होगा	लायी होगी	लाये होंगे	लायी होंगी

तालिका : 19

अकर्मक क्रियामूल 'खुल' से बने कर्तृवाच्य विकारी क्रियापद	'दरवाजा' कर्तापद पुंलिंग-एकवचन	'खिड़की' कर्तापद स्त्रीलिंग-एकवचन	'दरवाजे' कर्तापद पुंलिंग-बहुवचन	'खिड़कियाँ' कर्तापद स्त्रीलिंग-बहुवचन
ताकृदंत—खुलता	खुलता	खुलती	खुलते	खुलतीं
एकृदंत—खुले	खुले	खुले	खुलें	खुलीं
एगाकृदंत—खुलेगा	खुलेगा	खुलेगी	खुलेंगे	खुलेंगी
मूलक्रिया—है	है	है	हैं	हैं
मूलक्रिया—था	था	थी	थे	थीं
मूलक्रिया—हो	हो	हो	हों	हों
मूलक्रिया—होगा	होगा	होगी	होंगे	होंगी
ताकृदंत+है—खुलता है	खुलता है	खुलती है	खुलते हैं	खुलती हैं
ताकृदंत+था—खुलता था	खुलता था	खुलती थी	खुलते थे	खुलती थीं
ताकृदंत+हो—खुलता हो	खुलता हो	खुलती हो	खुलते हों	खुलती हों
ताकृदंत+होगा—खुलता होगा	खुलता होगा	खुलती होगी	खुलते होंगे	खुलती होंगी
आकृदंत—खुला	खुला	खुली	खुले	खुलीं
आकृदंत+है—	खुला है	खुली है	खुले हैं	खुली हैं
आकृदंत+था—खुला था	खुला था	खुली थी	खुले थे	खुली थीं
आकृदंत+हो—खुला हो	खुला हो	खुली हो	खुले हों	खुली हों
आकृदंत+होगा—खुला होगा	खुला होगा	खुली होगी	खुले होंगे	खुली होंगी

अविकारी एकपदीय क्रियापद चार हैं—

(V) अविकारी एकपदीय क्रियापद कर्ता-अनुगामी होते हैं। इनके कर्ता* के साथ परसर्ग नहीं आता। इनका कर्ता संज्ञा शब्द नहीं होता। कोई विशिष्ट सर्वनाम होता है।

(i) क्रियामूल—क्रियामूल (धातु) क्रियापद हो तो कर्तापद 'तू' मध्यम पुरुष-एकवचन सर्वनाम होगा—तू आ/तू जा/तू खा/तू पी/तू लिख आदि।

(ii) एकपदीय नाकृदंत—क्रियापद एकपदीय नाकृदंत हो तो कर्तापद तू, तुम या आप में से कोई मध्यम पुरुष-एकवचन या बहुवचन सर्वनाम होगा—तू आना/तू जाना/तू खाना/तू पीना/तू लिखना; तुम आना/तुम जाना/तुम खाना/तुम पीना, तुम लिखना; आप आना/आप जाना/आप खाना/आप पीना/आप लिखना आदि।

(iii) एकपदीय इएकृदंत—एकपदीय इएकृदंत क्रियापद हो तो मध्यम पुरुष-बहुवचन सर्वनाम 'आप' कर्तापद होगा—आप आइए/आप जाइए/आप खाइए/आप पीजिए/आप लिखिए आदि।

(iv) एकपदीय इएगाकृदंत—एकपदीय इएगाकृदंत क्रियापद हो तो मध्यम पुरुष-बहुवचन सर्वनाम 'आप' कर्तापद होगा—आप आइएगा/आप जाइएगा/आप खाइएगा/आप पीजिएगा/आप लिखिएगा आदि।

इनके संबंध में विचार-मंथन विकारी क्रियापदों के अनंतर करेंगे।

* वाक्य का कौन संज्ञा शब्द कर्ता है, इसके चयन का आधार है—क्रियापद की मुख्य क्रिया से बना कर्तृवाचक कृदंत वाक्य के जिस पद को सूचित करे, वह कर्तापद है। यह सिद्धांत 'नवशती हिंदी व्याकरण' द्वारा प्रतिपादित है।

2.10 : कुछ पुरुषवाचक सर्वनाम (संख्या में मात्र दो—मैं और तुम) जब किसी वाक्य के संज्ञा कर्तापद के स्थान पर प्रयुक्त होते हैं तो कुछ विकारी क्रियापदों में अतिरिक्त विकार भी होते हैं और ये विकार उन्हीं क्रियापदों तक सीमित हैं जो कर्ता-अनुगामी होते हैं।

पुरुषवाचक सर्वनाम नौ (9) हैं—वह, यह, तू, मैं, वे, ये, तुम, आप और हम। पुरुषवाचक सर्वनामों के भेद-उपभेद इस प्रकार हैं—

पुरुषवाचक सर्वनाम

- **अन्य पुरुष**
  - पुंलिंग-एकवचन — वह, यह
  - स्त्रीलिंग-एकवचन — वह, यह
  - पुंलिंग-बहुवचन — वे, ये
  - स्त्रीलिंग-बहुवचन — वे, ये
- **मध्यम पुरुष**
  - पुंलिंग-एकवचन — तू
  - स्त्रीलिंग-एकवचन — तू
  - पुंलिंग-बहुवचन — तुम, आप
  - स्त्रीलिंग-बहुवचन — तुम, आप
- **उत्तम पुरुष**
  - पुंलिंग-एकवचन — मैं
  - स्त्रीलिंग-एकवचन — मैं
  - पुंलिंग-बहुवचन — हम
  - स्त्रीलिंग-बहुवचन — हम

दो बातों का ध्यान रहे। एक यह कि पुरुषवाचक सर्वनामों के तीन मुख्य भेद हैं और इन तीनों मुख्य भेदों के चार-चार उपभेद हैं। दूसरे यह कि पुरुषवाचक सर्वनामों का अपना कोई लिंग नहीं होता। वे जिस संज्ञा का प्रतिनिधित्व करते हैं, उसी का लिंग अपना लेते हैं।

2.11 : पुरुषवाचक सर्वनामों के उक्त 12 उपभेदों को लिंग-वचन के आधार पर चार समूहों में बाँट सकते हैं—

(1)

अन्य पुरुष—पुंलिंग-एकवचन —वह, यह
मध्यम पुरुष—पुंलिंग-एकवचन —तू
उत्तम पुरुष—पुंलिंग-एकवचन —मैं

(2)

अन्य पुरुष—स्त्रीलिंग-एकवचन —वह, यह
मध्यम पुरुष—स्त्रीलिंग-एकवचन —तू
उत्तम पुरुष—स्त्रीलिंग-एकवचन —मैं

(3)

अन्य पुरुष—पुंलिंग-बहुवचन —वे, ये
मध्यम पुरुष—पुंलिंग-बहुवचन —तुम, आप
उत्तम पुरुष—पुंलिंग-बहुवचन —हम

(4)

अन्य पुरुष—स्त्रीलिंग-बहुवचन —वे, ये
मध्यम पुरुष—स्त्रीलिंग-बहुवचन —तुम, आप
उत्तम पुरुष—स्त्रीलिंग-बहुवचन —हम

2.12 : कर्तापद के रूप में एकवचन सर्वनाम वह, यह और तू तथा बहुवचन सर्वनाम वे, ये, आप और हम अपने लिंग-वचन के अनुसार समान लिंग-वचन के क्रियापदों की कोटियों का ही वरण करते हैं—

सर्वनाम—वह, यह—अन्य पुरुष-पुंलिंग-एकवचन
=क्रियापद पुंलिंग-एकवचन कोटि

सर्वनाम—तू—मध्यम पुरुष-पुंलिंग-एकवचन
=क्रियापद पुंलिंग-एकवचन कोटि

सर्वनाम—वह, यह—अन्य पुरुष-स्त्रीलिंग-एकवचन
=क्रियापद स्त्रीलिंग-एकवचन कोटि

सर्वनाम—तू—मध्यम पुरुष-स्त्रीलिंग-एकवचन
=क्रियापद स्त्रीलिंग-एकवचन कोटि

सर्वनाम—वे, ये—अन्य पुरुष-पुंलिंग बहुवचन
=क्रियापद पुंलिंग-बहुवचन कोटि

सर्वनाम—आप—मध्यम पुरुष-पुंलिंग-बहुवचन
=क्रियापद पुंलिंग-बहुवचन कोटि

सर्वनाम—हम—उत्तम पुरुष-पुंलिंग-बहुवचन
=क्रियापद पुंलिंग-बहुवचन कोटि

सर्वनाम—वे, ये—अन्य पुरुष-स्त्रीलिंग-बहुवचन
=क्रियापद स्त्रीलिंग-बहुवचन कोटि

सर्वनाम—आप—मध्यम पुरुष-स्त्रीलिंग-बहुवचन
=क्रियापद स्त्रीलिंग-बहुवचन कोटि

सर्वनाम—हम—उत्तम पुरुष-स्त्रीलिंग-बहुवचन
=क्रियापद स्त्रीलिंग-बहुवचन कोटि

2.13 : कर्तापद के रूप में 'मैं' उत्तम पुरुष सर्वनाम-पुंलिंग-एकवचन या स्त्रीलिंग-एकवचन हो अथवा 'तुम' मध्यम पुरुष सर्वनाम-पुंलिंग-बहुवचन या स्त्रीलिंग-बहुवचन हो तो तत्संबंधी लिंग-वचन के क्रियापदों की कोटियों में कुछ अतिरिक्त विकार होते हैं।

मध्यम पुरुष बहुवचन सर्वनाम 'तुम' और 'आप' दो हैं। 'आप' (कर्ता) के साथ प्रयुक्त होनेवाले क्रियापद सामान्य बहुवचन कोटि के होते हैं। परंतु 'तुम' सर्वनाम के साथ होनेवाले क्रियापद मध्यम पुरुष श्रेणी के होते हैं। अतः जब मध्यम पुरुष बहुवचन क्रियापद का उल्लेख होता है तो सामान्यतः 'तुम' सर्वनाम से उसे जोड़ते हैं।

2.14 : उत्तम पुरुष पुंलिंग-एकवचन सर्वनाम 'मैं' कर्तापद हो तो पुंलिंग-एकवचन कोटि के क्रियापदों के अंत्य एवं प्रत्यय के ए और ऐ स्वरों को 'ऊँ' में बदलते हैं और 'हो' तथा 'होगा' क्रियापदों को क्रमशः 'होऊँ' और 'होऊँगा' करते हैं—

तालिका : 20

विकारी आधारभूत क्रियापद	**पुंलिंग-एकवचन कोटि के क्रियापद**	**बदलाव पुंलिंग-एकवचन कोटि के क्रियापद में**	**उत्तम पुरुष पुंलिंग-एकवचन क्रियापद**
कर्तापद	**वह**		**मैं**
1. ताकृदंत	आता	—	आता
2. आकृदंत	आया	—	आया
3. एकृदंत	आए	ए/ऊँ 2.14	आऊँ
4. एगाकृदंत	आएगा	ए/ऊँ 2.14	आऊँगा
5. है	है	ऐ/ऊँ 2.14	हूँ
6. था	था	—	था
7. हो	हो	हो/होऊँ 2.14	होऊँ
8. होगा	होगा	होगा/होऊँगा 2.14	होऊँगा
9. ताकृदंत+है	आता है	ऐ/ऊँ 2.14	आता हूँ
10. ताकृदंत+था	आता था	—	आता था
11. ताकृदंत+हो	आता हो	हो/होऊँ 2.14	आता होऊँ
12. ताकृदंत+होगा	आता होगा	हो/होऊँगा 2.14	आता होऊँगा
13. आकृदंत+है	आया है	ऐ/ऊँ 2.14	आया हूँ
14. आकृदंत+था	आया था	—	आया था
15. आकृदंत+हो	आया हो	हो/होऊँ 2.14	आया होऊँ
16. आकृदंत+होगा	आया होगा	होगा/होऊँगा 2.14	आया होऊँगा

2.15 : उत्तम पुरुष स्त्रीलिंग-एकवचन क्रियापदों की रचना के लिए स्त्रीलिंग-एकवचन कोटि के क्रियापदों के अंत्य एवं प्रत्यय के ए और ऐ स्वरों को 'ऊँ' में बदलते हैं तथा 'हो' और 'होगी' को 'होऊँ' और 'होऊँगी' करते हैं—

तालिका : 21

विकारी कर्तृ-अनुगामी आधारभूत क्रियापद	स्त्रीलिंग-एकवचन कोटि के क्रियापद कर्तापद—वह	बदलाव	उत्तम पुरुष स्त्रीलिंग एकवचन कर्तापद—मैं
1. ताकृदंत	आती		आती
2. आकृदंत	आयी		आयी
3. एकृदंत	आए	ए/ऊँ 2.15	आऊँ
4. एगाकृदंत	आएगी	ए/ऊँ 2.15	आऊँगी
5. मूलक्रिया—है	है	ऐ/ऊँ 2.15	हूँ
6. मूलक्रिया—था	थी		थी
7. मूलक्रिया—हो	हो	हो/होऊँ 2.15	होऊँ
8. मूलक्रिया—होगा	होगी	होगी/होऊँगी 2.15	होऊँगी
9. ताकृदंत+है	आती है	ऐ/ऊँ 2.15	आती हूँ
10. ताकृदंत+था	आती थी		आती थी
11. ताकृदंत+हो	आती हो	हो/होऊँ 2.15	आती होऊँ
12. ताकृदंत+होगा	आती होगी	होगी/होऊँगी 2.15	आती होऊँगी
13. आकृदंत+है	आयी है	ऐ/ऊँ 2.15	आयी हूँ
14. आकृदंत+था	आयी थी		आयी थी
15. आकृदंत+हो	आई हो	हो/होऊँ 2.15	आयी होऊँ
16. आकृदंत+होगा	आई होगी	होगी/होऊँगी 2.15	आयी होऊँगी

2.16 : मध्यम पुरुष पुंलिंग-बहुवचन—'तुम' कर्तापद के साथ प्रयुक्त होनेवाले क्रियापदों की रचना के लिए पुंलिंग-बहुवचन कोटि के क्रियापदों के एँ, ऐं और ओं अननुनासिक स्वरों को अननुनासिक 'ओ' स्वर में बदलते हैं।

तालिका : 22

विकारी कर्तृ-अनुगामी आधारभूत क्रियापद	पुंलिंग-बहुवचन कोटि	बदलाव	'तुम' मध्यम पुरुष कर्ता होने पर
1. ताकृदंत—आता	आते	—	आते
2. आकृदंत—आया	आये	—	आये
3. एकृदंत—आए	आएँ	एँ/ओ	आओ
4. एगाकृदंत—आएगा	आएँगे	एँ/ओ	आओगे
5. क्रियामूल—है	हैं	ऐं/ओ	हो
6. क्रियामूल—था	थे	—	थे
7. क्रियामूल—हो	हों	ओं/ओ	हो
8. क्रियामूल—होगा	होंगे	ओं/ओ	होगे
9. ताकृदंत+है=आता है	आते हैं	ऐं/ओ	आते हो
10. ताकृदंत+था=आता था	आते थे	—	आते थे
11. ताकृदंत+हो=आता हो	आते हों	ओं/ओ	आते हो
12. ताकृदंत+होगा=आता होगा	आते होंगे	ओं/ओ	आते होगे
13. आकृदंत+है=आया है	आये हैं	ऐं/ओ	आये हो
14. आकृदंत+था=आया था	आये थे	—	आये थे
15. आकृदंत+हो=आया हो	आये हों	ओं/ओ	आये हो
16. आकृदंत+होगा=आया होगा	आये होंगे	ओं/ओ	आये होगे

2.17 : मध्यम पुरुष स्त्रीलिंग-बहुवचन 'तुम' कर्तापद के साथ प्रयुक्त होनेवाले क्रियापदों की रचना के लिए स्त्रीलिंग-एकवचन कोटि के क्रियापदों के 'ए' और 'ऐ' स्वरों को 'ओ' में बदलते हैं—

तालिका : 23

विकारी कतृ-अनुगामी आधारभूत क्रियापद	स्त्रीलिंग-एकवचन कोटि के क्रियापद	तुम मध्यम पुरुष स्त्रीलिंग-बहुवचन कर्ता होने पर
1. ताकृदंत—आता	आती	आती
2. आकृदंत—आया	आयी	आयी
3. एकृदंत—आए	आए ए/ओ	आओ
4. एगाकृदंत—आएगा	आएगी ए/ओ	आओगी
5. क्रियामूल—है	है ऐ/ओ	हो
6. क्रियामूल—था	थी	थी
7. क्रियामूल—हो	हो	हो
8. क्रियामूल—होगा	होगी	होगी
9. ताकृदंत+है—आता है	आती है ऐ/ओ	आती हो
10. ताकृदंत+था—आता था	आती थी	आती थी
11. ताकृदंत+हो—आता हो	आती हो	आती हो
12. ताकृदंत+होगा—आता होगा	आती होगी	आती होगी
13. आकृदंत+है—आया है	आयी है ऐ/ओ	आयी हो
14. आकृदंत+आया था, आयी थी	आयी थी	आयी थी
15. आकृदंत+आया हो, आयी होगी	आयी हो	आयी हो
16. आकृदंत+आया होगा	आयी होगी	आयी होगी

तालिका : 26

आधारभूत विकारी क्रियापद	'आ' क्रियामूल के आधारभूत क्रियापद	अन्य पुरुष तथा मध्यम पुरुष के एकवचन रूप		उत्तम पुरुष के एकवचन विकारी रूप		अन्य पुरुष— वे/ये मध्यम पुरुष— आप उत्तम पुरुष— हम बहुवचन रूप		मध्यम पुरुष— तुम बहुवचन रूप	
		पुंलिंग	स्त्रीलिंग	पुंलिंग	स्त्रीलिंग	पुंलिंग	स्त्रीलिंग	पुंलिंग	स्त्रीलिंग
1. ताकृदंत	आता	आता	आती	आता	आती	आते	आतीं	आते	आती
2. आकृदंत	आया	आया	आयी	आया	आयी	आये	आयीं	आये	आयी
3. एकृदंत	आए	आए	आए	आऊँ	आऊँ	आएँ	आएँ	आओ	आओ
4. एगाकृदंत	आएगा	आएगा	आएगी	आऊँगा	आऊँगी	आएँगे	आएँगी	आओगे	आओगी
5. क्रियामूल	है	है	है	हूँ	हूँ	हैं	हैं	हो	हो
6. क्रियामूल	था	था	थी	था	थी	थे	थीं	थे	थी
7. क्रियामूल	हो	हो	हो	होऊँ	होऊँ	हों	हों	हो	हो
8. क्रियामूल	होगा	होगा	होगी	होऊँगा	होऊँगी	होंगे	होंगी	होगे	होगी
9. ताकृदंत+है	आता है	आता है	आती है	आता हूँ	आती हूँ	आते हैं	आती हैं	आते हो	आती हो
10. ताकृदंत+था	आता था	आता था	आती थी	आता था	आती थी	आते थे	आती थीं	आते थे	आती थी
11. ताकृदंत+हो	आता हो	आता हो	आती हो	आता होऊँ	आती होऊँ	आते हों	आती हों	आये हो	आयी हो
12. ताकृदंत+होगा	आता होगा	आता होगा	आती होगी	आता होऊँगा	आती होऊँगी	आते होंगे	आती होंगी	आते होगे	आती होगी

(क्रमशः)

आधारभूत विकारी क्रियापद	आ क्रियामूल के आधारभूत क्रियापद	अन्य पुरुष तथा मध्यम पुरुष के एकवचन रूप		उत्तम पुरुष के एकवचन विकारी रूप		अन्य पुरुष—वे/ये मध्यम पुरुष—आप उत्तम पुरुष—हम बहुवचन विकारी रूप		मध्यम पुरुष—तुम बहुवचन रूप	
		पुंलिंग	स्त्रीलिंग	पुंलिंग	स्त्रीलिंग	पुंलिंग	स्त्रीलिंग	पुंलिंग	स्त्रीलिंग
13. आकृदंत+है	आया है	आया है	आयी है	आया हूँ	आयी हूँ	आये हैं	आयी हैं	आये हो	आयी हो
14. आकृदंत+था	आया था	आया था	आयी थी	आया था	आयी थी	आये थीं	आयी थीं	आये थे	आयी थी
15. आकृदंत+हो	आया हो	आया हो	आयी हो	आया होऊँ	आयी होऊँ	आये हों	आयी हों	आये हो	आयी हो
16. आकृदंत+होगा	आया होगा	आया होगा	आयी होगी	आया होऊँगा	आयी होऊँगी	आये होंगे	आयी होंगी	आये होगे	आयी होगी
17. नाकृदंत+है	आना है	आना है	आनी है	—	—	आने हैं	आनी हैं	—	—
18. नाकृदंत+था	आना था	आना था	आनी थी	—	—	आने थे	आनी थीं	—	—
19. नाकृदंत+हो	आना हो	आना हो	आनी हो	—	—	आने हों	आनी हों	—	—
20. नाकृदंत+होगा	आना होगा	आना होगा	आनी होगी	—	—	आने होंगे	आनी होंगी	—	—
21. इएकृदंत+है	चाहिए है	चाहिए है	चाहिए है	—	—	चाहिए हैं	चाहिए हैं	—	—
22. इएकृदंत+था	चाहिए था	चाहिए था	चाहिए थी	—	—	चाहिए थे	चाहिए थीं	—	—
23. इएकृदंत+हो	चाहिए हो	चाहिए हो	चाहिए हो	—	—	चाहिए हों	चाहिए हों	—	—
24. इएकृदंत+होगा	चाहिए होगा	चाहिए होगा	चाहिए होगा	—	—	चाहिए होंगे	चाहिए होंगी	—	—

तालिका : 25

आधारभूत विकारी क्रियापद	जा क्रियामूल के आधारभूत क्रियापद	अन्य पुरुष तथा मध्यम पुरुष के एकवचन रूप		उत्तम पुरुष के एकवचन रूप		अन्य पुरुष— वे/ये मध्यम पुरुष— आप उत्तम पुरुष— हम बहुवचन रूप		मध्यम पुरुष— तुम बहुवचन रूप	
		पुंलिंग	स्त्रीलिंग	पुंलिंग	स्त्रीलिंग	पुंलिंग	स्त्रीलिंग	पुंलिंग	स्त्रीलिंग
1. ताकृदंत	जाता	जाता	जाती	जाता	जाती	जाते	जातीं	जाते	जाती
2. आकृदंत	गया	गया	गयी	गया	गयी	गये	गयीं	गये	गयी
3. एकृदंत	जाए	जाए	जाए	जाऊँ	जाऊँ	जाएँ	जाएँ	जाओ	जाओ
4. एगाकृदंत	जाएगा	जाएगा	जाएगी	जाऊँगा	जाऊँगी	जाएँगे	जाएँगी	जाओगे	जाओगी
5. मूलक्रिया	है	है	है	हूँ	हूँ	हैं	हैं	हो	हो
6. मूलक्रिया	था	था	थी	था	थी	थे	थीं	थे	थी
7. मूलक्रिया	हो	हो	हो	होऊँ	होऊँ	हों	हों	हो	हो
8. मूलक्रिया	होगा	होगा	होगी	होऊँगा	होऊँगी	होंगे	होंगी	होगे	होगी
9. ताकृदंत+है	जाता है	जाता है	जाती है	जाता हूँ	जाती हूँ	जाते हैं	जाती हैं	जाते हो	जाती हो
10. ताकृदंत+था	जाता था	जाता था	जाती थी	जाता था	जाती थी	जाते थे	जाती थीं	जाते थे	जाती थी
11. ताकृदंत+हो	जाता हो	जाता हो	जाती हो	जाता होऊँ	जाती होऊँ	जाते हों	जाती हों	जाते हो	जाती हो
12. ताकृदंत+होगा	जाता होगा	जाता होगा	जाती होगी	जाता होऊँगा	जाती होऊँगी	जाते होंगे	जाती होंगी	जाते होगे	जाती होगी

(क्रमशः)

आधारभूत विकारी क्रियापद	जा क्रियामूल के आधारभूत क्रियापद	अन्य पुरुष तथा मध्यम पुरुष के एकवचन रूप		उत्तम पुरुष के एकवचन रूप		अन्य पुरुष—वे/ये मध्यम पुरुष—आप उत्तम पुरुष—हम बहुवचन रूप		मध्यम पुरुष—तुम बहुवचन रूप	
		पुंलिंग	स्त्रीलिंग	पुंलिंग	स्त्रीलिंग	पुंलिंग	स्त्रीलिंग	पुंलिंग	स्त्रीलिंग
13. आ कृदंत+है	गया है	गया है	गयी है	गया हूँ	गयी हूँ	गये हैं	गयी हैं	गये हो	गयी हो
14. आकृदंत+था	गया था	गया था	गयी थी	गया था	गयी थी	गये थे	गयी थीं	गये थे	गयी थी
15. आकृदंत+हो	गया हो	गया हो	गयी हो	गया होऊँ	गयी होऊँ	गये हों	गयी हों	गये हो	गयी हो
16. आकृदंत+होगा	गया होगा	गया होगा	गयी होगी	गया होऊँगा	गयी होऊँगी	गये होंगे	गयी होंगी	गये होगे	गयी होगी
17. नाकृदंत+है	जाना है	जाना है	जानी है	—	—	जाने हैं	जानी हैं	—	—
18. नाकृदंत+था	जाना था	जाना था	जानी थी	—	—	जाने थे	जानी थीं	—	—
19. नाकृदंत+हो	जाना हो	जाना हो	जानी हो	—	—	जाने हों	जानी हों	—	—
20. नाकृदंत+होगा	जाना होगा	जाना होगा	जानी होगी	—	—	जाने होंगे	जानी होंगी	—	—
21. इएकृदंत+है	चाहिए है	चाहिए है	चाहिए है	—	—	चाहिए है	चाहीए है	—	—
22. इएकृदंत+था	चाहिए था	चाहिए था	चाहिए थी	—	—	चाहिए थे	चाहिए थीं	—	—
23. इएकृदंत+हो	चाहिए हो	चाहिए हो	चाहिए हो	—	—	चाहिए हों	चाहिए हों	—	—
24. इएकृदंत+होगा	चाहिए होगा	चाहिए होगा	चाहिए होगी	—	—	चाहीए होंगे	चाहिए होंगी	—	—

नोट—द्विपदीय नाकृदंत अथवा इएकृदंत क्रियापद होने पर कर्ता परसर्ग से युक्त रहता है।
परसर्ग से युक्त कर्ता के लिंग-वचन-पुरुष का क्रियापद अनुगमन नहीं करता।

तालिका : 26

आधारभूत विकारी क्रियापद	'दे' क्रियामूल के आधारभूत क्रियापद	अन्य पुरुष तथा मध्यम पुरुष के एकवचन रूप		उत्तम पुरुष के एकवचन विकारी रूप		अन्य पुरुष— वे/ये मध्यम पुरुष— आप उत्तम पुरुष— हम बहुवचन रूप		मध्यम पुरुष— तुम बहुवचन रूप	
		पुंलिंग	स्त्रीलिंग	पुंलिंग	स्त्रीलिंग	पुंलिंग	स्त्रीलिंग	पुंलिंग	स्त्रीलिंग
1. ताकृदंत	देता	देता	देती	देता	देती	देते	देतीं	देते	देती
2. आकृदंत	दिया	दिया	दी	—	—	दिये	दीं	—	—
3. एकृदंत	दे	दे	दे	दूँ	दूँ	दें	दें	दो	दो
4. एगाकृदंत	देगा	देगा	देगी	दूँगा	दूँगी	देंगे	देंगी	दोगे	दोगी
5. है	है	है	हूँ	हूँ	हूँ	हैं	हैं	हो	हो
6. था	था	था	थी	था	थी	थे	थीं	थे	थी
7. हो	हो	हो	होऊँ	होऊँ	होऊँ	हों	हों	हो	हो
8. होगा	होगा	होगा	होऊँगा	होऊँगा	होऊँगी	होंगे	होंगी	होगे	होगी
9. ताकृदंत+है	देता है	देता है	देती है	देता हूँ	देती हूँ	देते हैं	देती हैं	देते हो	देती हो
10. ताकृदंत+था	देता था	देता था	देती थी	देता था	देती थी	देते थे	देती थीं	देते थे	देती थी
11. ताकृदंत+हो	देता हो	देता हो	देती हो	देता होऊँ	देती हो	देते हों	देती हों	देते हो	देती हो
12. ताकृदंत+होगा	देता होगा	देता होगा	देती होगी	देता होऊँगा	देती होऊँगी	देते होंगे	देती होंगी	देते होगे	देती होगी

(क्रमशः)

आधारभूत विकारी क्रियापद	दे क्रियामूल के आधारभूत क्रियापद	अन्य पुरुष तथा मध्यम पुरुष के एकवचन रूप		उत्तम पुरुष के एकवचन विकारी रूप		अन्य पुरुष— वे/ये मध्यम पुरुष— आप उत्तम पुरुष— हम बहुवचन रूप		मध्यम पुरुष— तुम बहुवचन रूप	
		पुंलिंग	स्त्रीलिंग	पुंलिंग	स्त्रीलिंग	पुंलिंग	स्त्रीलिंग	पुंलिंग	स्त्रीलिंग
13. आकृदंत+है	दिया है	दिया है	दी है	—	—	दिये हैं	दी हैं	—	—
14. आकृदंत+था	दिया था	दिया था	दी थी	—	—	दिये थे	दी थीं	—	—
15. आकृदंत+हो	दिया हो	दिया हो	दी हो	—	—	दिये हों	दी हों	—	—
16. आकृदंत+होगा	दिया होगा	दिया होगा	दी होगी	—	—	दिये होंगे	दी होंगी	—	—
17. नाकृदंत+है	देना है	देना है	देनी है	—	—	देने हैं	देनी हैं	—	—
18. नाकृदंत+था	देना था	देना था	देनी थी	—	—	देने थे	देनी थीं	—	—
19. नाकृदंत+हो	देना हो	देना हो	देनी हो	—	—	देने हों	देनी हों	—	—
20. नाकृदंत+होगा	देना होगा	देना होगा	देनी होगी	—	—	देने होंगे	देनी होंगी	—	—
21. इएकृदंत+है	चाहिए है	चाहिए है	चाहिए है	—	—	चाहिए हैं	चाहिए हैं	—	—
22. इएकृदंत+था	चाहिए था	चाहिए था	चाहिए थी	—	—	चाहिए थे	चाहिए थीं	—	—
23. इएकृदंत+हो	चाहिए हो	चाहिए हो	चाहिए हो	—	—	चाहिए हों	चाहिए हों	—	—
24. इएकृदंत+होगा	चाहिए होगा	चाहिए होगा	चाहिए होगी	—	—	चाहिए होंगे	चाहिए होंगी	—	—

तालिका : 27

आधारभूत विकारी क्रियापद	'ले' क्रियामूल के आधारभूत क्रियापद	अन्यपु रुष तथा मध्यम पुरुष के एकवचन रूप		उत्तम पुरुष के एकवचन विकारी रूप		अन्य पुरुष— वे/ये मध्यम पुरुष— आप उत्तम पुरुष— हम बहुवचन रूप		मध्यम पुरुष— तुम बहुवचन रूप	
		पुंलिंग	स्त्रीलिंग	पुंलिंग	स्त्रीलिंग	पुंलिंग	स्त्रीलिंग	पुंलिंग	स्त्रीलिंग
1. ताकृदंत	लेता	लेता	लेती	लेता	लेती	लेते	लेतीं	लेते	लेती
2. आकृदंत	लिया	लिया	ली	—	—	लिये	लीं	—	—
3. एकृदंत	ले	ले	ले	लूँ	लूँ	लें	लें	लो	लो
4. एगाकृदंत	लेगा	लेगा	लेगी	लूँगा	लूँगी	लेंगे	लेंगी	लोगे	लोगी
5. मूलक्रिया—है	है	है	है	हूँ	हूँ	हैं	हैं	हो	हो
6. मूलक्रिया—था	था	था	थी	था	थी	थे	थीं	थे	थी
7. मूलक्रिया—हो	हो	हो	हो	होऊँ	होऊँ	हों	हों	हो	हो
8. मूलक्रिया—होगा	होगा	होगा	होगी	होऊँगा	होऊँगी	होंगे	होंगी	होगे	होगी
9. ताकृदंत+है	लेता है	लेता है	लेती है	लेता हूँ	लेती हूँ	लेते हैं	लेती हैं	लेते हो	लेती हो
10. ताकृदंत+था	लेता था	लेता था	लेती थी	लेता था	लेती थी	लेते थे	लेती थीं	लेते थे	लेती थी
11. ताकृदंत+हो	लेता हो	लेता हो	लेती हो	लेता होऊँ	लेती होऊँ	लेते हों	लेती हों	लेते हो	लेती हो
12. ताकृदंत+होगा	लेता होगा	लेता होगा	लेती होगी	लेता होऊँगा	लेती होऊँगी	लेते होंगे	लेती होंगी	लेते होगे	लेती होगी

(क्रमशः)

आधारभूत विकारी क्रियापद	'ले' क्रियामूल के आधारभूत क्रियापद	अन्य पुरुष तथा मध्यम पुरुष के एकवचन रूप		उत्तम पुरुष के एकवचन विकारी रूप		अन्य पुरुष—वे/ये मध्यम पुरुष—आप उत्तम पुरुष—हम बहुवचन रूप		मध्यम पुरुष—तुम बहुवचन रूप	
		पुंलिंग	स्त्रीलिंग	पुंलिंग	स्त्रीलिंग	पुंलिंग	स्त्रीलिंग	पुंलिंग	स्त्रीलिंग
13. आकृदंत+है	लिया है	लिया है	ली है	—	—	लिये हैं	ली हैं	—	—
14. आकृदंत+था	लिया था	लिया था	ली थी	—	—	लिये थे	ली थीं	—	—
15. आकृदंत+हो	लिया हो	लिया हो	ली हो	—	—	लिये हों	ली हों	—	—
16. आकृदंत+होगा	लिया होगा	लिया होगा	ली होगी	—	—	लिये होंगे	ली होंगी	—	—
17. नाकृदंत+है	लेता है	लेना है	लेनी है	—	—	लेने हैं	लेनी हैं	—	—
18. नाकृदंत+था	लेना था	लेना था	लेनी थी	—	—	लेने थे	लेनी थीं	—	—
19. नाकृदंत+हो	लेना हो	लेना हो	लेनी हो	—	—	लेने हों	लेनी हों	—	—
20. नाकृदंत+होगा	लेना होगा	लेना होगा	लेनी होगी	—	—	लेने होंगे	लेनी होंगी	—	—
21. इएकृदंत+है	चाहिए	चाहिए है	चाहिए है	—	—	चाहिए हैं	चाहिए हैं	—	—
22. इएकृदंत+था	चाहिए था	चाहिए था	चाहिए थी	—	—	चाहिए थे	चाहिए थीं	—	—
23. इएकृदंत+हो	चाहिए हो	चाहिए हो	चाहिए हो	—	—	चाहिए हों	चाहिए हों	—	—
24. इएकृदंत+होगा	चाहिए होगा	चाहिए होगा	चाहिए होगी	—	—	चाहिए होंगे	चाहिए होंगी	—	—

तालिका : 28

आधारभूत क्रियापद	विकारी/ अविकारी	'आ' क्रिया-मूल (धातु) के आधार-भूत क्रियापद	अन्य पुरुष एकवचन पुंलिंग/ स्त्रीलिंग	मध्यम पुरुष एकवचन पुंलिंग/ स्त्रीलिंग	उत्तम पुरुष एकवचन पुंलिंग/ स्त्रीलिंग
क्रियामूल (धातु)	अविकारी	आ	—	आ/आ	—
ताकृदंत	विकारी	आता	आता/आती	आता/आती	आता/आती
आकृदंत	विकारी	आया	आया/आयी	आया/आयी	आया/आयी
नाकृदंत	अविकारी	आना	—	आना/आना	—
एकृदंत	विकारी	आए	आए/आए	आए/आए	आऊँ/आऊँ
एगाकृदंत	विकारी	आएगा	आएगा/आएगी	आएगा/आएगी	आऊँगा/आऊँगी
इएकृदंत	अविकारी	आइए	—	—	—
इएगाकृदंत	अविकारी	आइएगा	—	--	—
क्रियामूल है	विकारी	है	है/है	है/है	हूँ/हूँ
कियामूल था	विकारी	था	था/थी	था/थी	था/थी
क्रियामूल हो	विकारी	हो	हो/हो	हो/हो	होऊँ/होऊँ
क्रियामूल होगा	विकारी	होगा	होगा/होगी	होगा/होगी	होऊँगा/होऊँगी
ताकृदंत+है	विकारी	आता है	आता है/ आती है	आता है/ आती है	आता हूँ/ आती हूँ
ताकृदंत+था	विकारी	आता था	आता था/ आती थी	आता था/ आती थी	आता था/ आती थी
ताकृदंत+हो	विकारी	आता हो	आता हो/ आती हो	आता हो/ आती हो	आता होऊँ/ आती होऊँ
ताकृदंत+होगा	विकारी	आता होगा	आता होगा/ आती होगी	आता होगा/ आती होगी	आता होऊँगा/ आती होऊँगी
आकृदंत+है	विकारी	आया है	आया है/ आयी है	आया है/ आयी है	आया हूँ/ आयी हूँ
आकृदंत+था	विकारी	आया था	आया था/ आयी थी	आया था/ आयी थी	आया था/ आयी थी
आकृदंत+हो	विकारी	आया हो	आया हो/ आयी हो	आया हो/ आयी हो	आया होऊँ/ आयी होऊँ
आकृदंत+होगा	विकारी	आया होगा	आया होगा/ आयी होगी	आया होगा/ आयी होगी	आया होऊँगा/ आयी होऊँगी
नाकृदंत+है	विकारी	आना है/ आनी है	आना है/ आनी है	—	—

(क्रमश:)

आधारभूत क्रियापद	विकारी/ अविकारी	'आ' क्रिया-मूल (धातु) के आधार-भूत क्रियापद	अन्य पुरुष एकवचन पुंलिंग/ स्त्रीलिंग	मध्यम पुरुष एकवचन पुंलिंग/ स्त्रीलिंग	उत्तम पुरुष एकवचन पुंलिंग/ स्त्रीलिंग
नाकृदंत+था	विकारी	आना था	आना था/ आनी थी	—	—
नाकृदंत+हो	विकारी	आना हो	आना हो/ आनी हो	—	—
नाकृदंत+होगा	विकारी	आना होगा	आना होगा/ आनी होगी	—	—
इएकृदंत+है	विकारी	चाहिए है	चाहिए है/है	—	—
इएकृदंत+था	विकारी	चाहिए था	चाहिए था/थी	—	—
इएकृदंत+हो	विकारी	चाहिए हो	चाहिए हो/हो	—	—
इएकृदंत+होगा	विकारी	चाहिए होगा	चाहिए होगी/होगी	—	—

तालिका : 29

आधारभूत क्रियापद	विकारी/ अविकारी	'आ' क्रिया-मूल (धातु) के आधार-भूत क्रियापद	अन्य पुरुष उत्तम पुरुष बहुवचन पुंलिंग/ स्त्रीलिंग	मध्यम पुरुष बहुवचन कर्ता 'तुम' पुंलिंग/ स्त्रीलिंग	मध्यम पुरुष बहुवचन कर्ता 'आप' पुंलिंग स्त्रीलिंग
क्रियामूल (धातु)	अविकारी	आ	—	—	—
ताकृदंत	विकारी	आता	आते/आतीं	आते/आती	आते/आतीं
आकृदंत	विकारी	आया	आये/आयीं	आये/आयी	आये/आयीं
नाकृदंत	अविकारी	आना	आना/आना	आना/आना	आना/आना
एगाकृदंत	विकारी	आएगा	आएँगे/आएँगी	आओगे/आओगी	आएँगे/आएँगी
इएकृदंत	अविकारी	आइए	—	—	आइए/आइए
इएगाकृदंत	अविकारी	आइएगा	—	—	आइएगा/आइएगा
मूलक्रिया+है	विकारी	है	हैं/हैं	हो/हो	हैं/हैं
मूलक्रिया+था	विकारी	था	थे/थीं	थे/थी	थे/थीं
मूलक्रिया+हो	विकारी	हो	हों/हों	हो/हो	हों/हों
मूलक्रिया+होगा	विकारी	होगा	होंगे/होंगी	होगे/होगी	होंगे/होंगी
ताकृदंत+है	विकारी	आता है	आते हैं/ आती हैं	आते हो/ आती हो	आते हों/ आती हों
ताकृदंत+था	विकारी	आता था	आते थे/ आती थीं	आते थे/ आती थी	आते थे/ आती थीं

(क्रमशः)

आधारभूत क्रियापद	विकारी/ अविकारी	'आ' क्रियामूल (धातु) के आधारभूत क्रियापद	अन्य पुरुष उत्तम पुरुष बहुवचन पुंलिंग/ स्त्रीलिंग	मध्यम पुरुष बहुवचन कर्ता 'तुम' पुंलिंग/ स्त्रीलिंग/	मध्यम पुरुष बहुवचन कर्ता 'आप' पुंलिंग स्त्रीलिंग
ताकृदंत+हो	विकारी	आता हो	आते हों/ आती हों	आते हो/ आती हो	आते हों/ आती हों
ताकृदंत+होगा	विकारी	आता होगा	आते होंगे/ आती होंगी	आते होगे/ आती होगी	आते होंगे/ आती होंगी
आकृदंत+है	विकारी	आया है	आये हैं/ आयी हैं	आये हो/ आयी हो	आये हैं/ आयी हैं
आकृदंत+था	विकारी	आया था	आये थे/ आयी थीं	आये थे/ आयी थी	आये थे/ आयी थीं
आकृदंत+हो	विकारी	आया हो	आये हों/ आयी हों	आये हो/ आयी हो	आये हों/ आयी हों
आकृदंत+होगा	विकारी	आया होगा	आये होंगे/ आयी होंगी	आये होगे/ आयी होगी	आये होंगे/ आयी होंगी
नाकृदंत+है	विकारी	आना है	आने हैं/ आनी हैं	—	—
नाकृदंत+था	विकारी	आना था	आने थे/ आनी थीं	—	—
नाकृदंत+हो	विकारी	आना हो	आने हों/ आनी हों	—	—
नाकृदंत+होगा	विकारी	आना होगा	आने होंगे/ आनी होंगी	—	—
इएकृदंत+है	विकारी	चाहिए है	चाहिए हैं/ चाहिए हैं	—	—
इएकृदंत+था	विकारी	चाहिए था	चाहिए थे/ चाहिए थीं	—	—
इएकृदंत+हो	विकारी	चाहिए हो	चाहिए हों/ चाहिए हों	—	—
इएकृदंत+होगा	विकारी	चाहिए होगा	चाहिए होंगे/ चाहिए होंगी	—	—

(ख) कर्मादि-अनुगामी आधारभूत क्रियापद

2.18 : कर्ता-अनुगामी क्रियापदों से भिन्न जो क्रियापद इस वर्ग में आते हैं, वे निम्नलिखित हैं तथा जिन्हें तीन वर्गों में बाँटा गया है—

I सकर्मक क्रियामूल (धातु) से बने एकपदीय और द्विपदीय आकृदंत क्रियापद—

1. आकृदंत
2. आकृदंत + है
3. आकृदंत + था
4. आकृदंत + हो
5. आकृदंत + होगा

[ध्यान रहें कि सकर्मक क्रियामूल (धातु) 'ला' के एकपदीय एवं द्विपदीय आकृदंत क्रियापद कर्ता-अनुगामी हैं। (देखें नियम 2.9 के अंतर्गत)]

II द्विपदीय नाकृदंत क्रियापद—

6. नाकृदंत + है
7. नाकृदंत + था
8. नाकृदंत + हो
9. नाकृदंत + होगा

III द्विपदीय इएकृदंत—

10. चाहिए + है
11. चाहिए + था
12. चाहिए + हो
13. चाहिए + होगा

2.19 : कर्मादि—अनुगामी क्रियापद का कर्तापद परसर्ग से युक्त रहता है तथा परसर्ग से युक्त कर्ता के लिंग-वचन का क्रियापद अनुगमन नहीं करता।

2.20 : सकर्मक क्रियामूल से संबद्ध एकपदीय या द्विपदीय आकृदंत क्रियापद हो तो कर्तापद 'ने' परसर्ग ग्रहण करता है।

2.21 : कर्ता परसर्ग से युक्त हो और कर्म बिना परसर्ग के हो तो कर्म के लिंग-वचन के अनुसार क्रियापद के लिंग-वचन की कोटि होगी।

सकर्मक क्रिया—कहना; क्रियामूल (धातु)—कह

आकृदंत क्रियारूप—कहा;

कर्मपद—(i) किस्सा (संज्ञा पुंलिंग-एकवचन);

(ii) किस्से (संज्ञा पुंलिंग-बहुवचन)

(iii) कहानी (संज्ञा स्त्रीलिंग-एकवचन)

(iv) कहानियाँ (संज्ञा स्त्रीलिंग-बहुवचन)

राम ने किस्सा कहा / कहा है / कहा था / कहा हो /कहा होगा।
सीता ने किस्सा कहा / कहा है / कहा था / कहा हो /कहा होगा।
राम ने किस्से कहे / कहे हैं / कहे थे / कहे हों / कहे होंगे।
सीता ने किस्से कहे / कहे हैं / कहे थे / कहे हों / कहे होंगे।
राम ने कहानी कही / कही है / कही थी / कही हो / कही होगी।
सीता ने कहानी कही / कही है / कही थी / कही हो / कही होगी।
राम ने कहानियाँ कहीं / कही हैं / कही थीं / कही हों / कही होंगी।
सीता ने कहानियाँ कहीं / कही हैं / कही थीं / कही हों / कही होंगी।

सकर्मक क्रिया—खाना; क्रियामूल (धातु) खा;
आकृदंत—खाया;
कर्मपद—(i) **'केला' (संज्ञा पुंलिंग-एकवचन);** (ii) **'केले' (संज्ञा पुंलिंग-बहुवचन)**
(iii) **'नाशपाती' (संज्ञा स्त्रीलिंग-एकवचन);** (iv) **'नाशपातियाँ' (संज्ञा स्त्रीलिंग-बहुवचन)**

राम ने केला खाया / खाया है / खाया था / खाया हो / खाया होगा।
सीता ने केला खाया / खाया है / खाया था / खाया हो / खाया होगा।
राम ने नाशपाती खायी / खायी है / खायी थी / खायी हो / खायी होगी।
सीता ने नाशपाती खायी / खायी है / खायी थी / खायी हो / खायी होगी।
राम ने केले खाये / खाये हैं / खाये थे / खाये हों / खाये होंगे।
सीता ने केले खाये / खाये हैं / खाये थे / खाये हों / खाये होंगे।
राम ने नाशपातियाँ खायीं / खायी हैं / खायी थीं / खायी हों / खायी होंगी।
सीता ने नाशपातियाँ खायीं / खायी हैं / खायी थीं / खायी हों / खायी होंगी।

सकर्मक क्रिया—पीना; क्रियामूल (धातु)-पी;
आकृदंत—पिया;
कर्मपद—(i) 'दूध' संज्ञा पुंलिंग-एकवचन
(ii) 'लस्सी' संज्ञा स्त्रीलिंग-एकवचन

'दूध' और 'लस्सी' सदा एकवचन में प्रयुक्त होते हैं।

लड़के ने लड़की ने लड़कों ने लड़कियों ने	दूध पिया / पिया है / पिया था / पिया हो / पिया होगा।
लड़के ने लड़की ने लड़कों ने लड़कियों ने	लस्सी पी / पी है / पी थी / पी हो / पी होगी।

2.22 : कर्तापद और कर्मपद—दोनों परसर्ग से युक्त हों अथवा कर्तापद तो परसर्ग से युक्त हो पर कर्मपद अनुपस्थित हो तो क्रियापद पुंलिंग-एकवचन कोटि का रहता है।

2.23 : कर्मपद व्यक्तिवाचक संज्ञा, पदवाचक संज्ञा अथवा पुरुषवाचक सर्वनाम हो तो 'को' परसर्ग से युक्त रहता है।

(1) राम ने कृष्ण को बुलाया/बुलाया है/बुलाया था/बुलाया हो/बुलाया होगा।
सीता ने रमा को बुलाया/बुलाया है/बुलाया था/बुलाया हो/बुलाया होगा।
राम ने भाई को बुलाया/बुलाया है/बुलाया था/बुलाया हो/बुलाया होगा।
सीता ने बहन को बुलाया है/बुलाया था/बुलाया हो/बुलाया होगा।
राम ने मुझको बुलाया/बुलाया है/बुलाया था/बुलाया हो/बुलाया होगा।
सीता ने उनको बुलाया है/बुलाया था/बुलाया हो/बुलाया होगा।
राम ने मित्रों को बुलाया/बुलाया है/बुलाया था/बुलाया हो/बुलाया होगा।
सीता ने सहेलियों को बुलाया/बुलाया है/बुलाया था/बुलाया हो/बुलाया होगा।

2.24 : पदार्थवाचक, जीव-जंतुवाचक, भाववाचक, द्रववाचक आदि संज्ञाएँ कर्मपद हों तो उनके साथ सामान्यत: 'को' परसर्ग का प्रयोग नहीं होता परंतु उनपर ज़ोर देते समय 'को' का प्रयोग किया भी जाता है।

सकर्मक क्रिया—पकड़ना; क्रियामूल (धातु) पकड़;
आकृदंत—पकड़ा;
कर्मपद—(i) 'हाथी' संज्ञा पुंलिंग-एकवचन
(ii) 'हथिनी' संज्ञा स्त्रीलिंग-एकवचन
(iii) 'हाथी' संज्ञा पुंलिंग-बहुवचन
(iv) 'हथनियाँ' संज्ञा स्त्रीलिंग-बहुवचन

लड़के ने हाथी पकड़ा / पकड़ा है / पकड़ा था / पकड़ा हो / पकड़ा होगा।
लड़की ने हाथी को पकड़ा / पकड़ा है / पकड़ा था / पकड़ा हो / पकड़ा होगा।
लड़कों ने हथिनी पकड़ी / पकड़ी है / पकड़ी थी / पकड़ी हो / पकड़ी होगी।
लड़कियों ने हथिनी को पकड़ा / पकड़ा है / पकड़ा था / पकड़ा हो / पकड़ा होगा।
लड़के ने हाथी पकड़े/पकड़े हैं/पकड़े थे/पकड़े हों/पकड़े होंगे।
लड़कियों ने हथिनियाँ पकड़ी / पकड़ी हैं / पकड़ी थीं / पकड़ी हों / पकड़ी होंगी।
लडकों ने हाथियों को पकड़ा / पकड़ा है/पकड़ा था/पकड़ा हो/पकड़ा होगा।
लड़कियों ने हथिनियों को पकड़ा/पकड़ा है/पकड़ा था/पकड़ा हो/पकड़ा होगा।

सकर्मक क्रिया—सुनना; क्रियामूल (धातु) सुन;
आकृदंत—सुना;
कर्मपद—(i) 'तर्क' संज्ञा पुंलिंग-एकवचन; 'तर्क' पुंलिंग-बहुवचन।
(ii) 'बात' संज्ञा स्त्रीलिंग-एकवचन; 'बातें' स्त्रीलिंग-बहुवचन।

उसने	तर्क (एकवचन) सुना / सुना है / सुना था / सुना हो / सुना होगा।
उन्होंने	तर्क (बहुवचन) सुने / सुने हैं / सुने थे / सुने हों / सुने होंगे।
मैंने	बात सुनी / सुनी है / सुनी थी / सुनी हो / सुनी होगी।
हमने	बातें सुनीं / सुनी हैं / सुनी थीं / सुनी हों / सुनी होंगी।
उसने	तर्क (एकवचन) को सुना / सुना है / सुना था / सुना हो / सुना होगा।
मैंने	तर्कों को सुना / सुना है / सुना था / सुना हो / सुना होगा।
तूने	बात को सुना / सुना है / सुना था / सुना हो / सुना होगा।
तुमने	बातों को सुना / सुना है/सुना था/सुना हो/सुना होगा।

2.25 : जब क्रियापद द्विपदीय नाकृदंत होता है तो कर्तापद में 'को' परसर्ग रहता है।

[यह सदा स्मरण रखने की बात है कि एकपदीय नाकृदंत क्रियापद अविकारी है और अविकारी एकपदीय नाकृदंत कर्ता—अनुगामी होता है क्योंकि कर्ता में परसर्ग नहीं रहता। आगे चलकर नियम 2.31 तथा 2.32 में पूरा विवरण मिलेगा।]

2.26 : जब क्रियापद द्विपदीय नाकृदंत हो, और अकर्मक क्रियामूल (धातु) से बना हो तो वह आधारभूत रूप में ही रहता है।

क्रियापद यदि अकर्मक क्रिया से बना होता है तो वाक्य में कर्मपद नहीं रहता।

लड़के को
लड़की को
लड़कों को
लड़कियों को
} आना है, आना था, आना हो, आना होगा।

विद्यार्थी को
अध्यापिका को
विद्यार्थियों को
अध्यापिकाओं को
} जाना है, जाना था, जाना हो, जाना होगा।

2.26 : यदि क्रियापद द्विपदीय नाकृदंत हो, सकर्मक क्रियामूल (धातु) से बना हो और कर्मपद 'को' परसर्ग से युक्त हो तो क्रियापद आधारभूत रूप में रहेगा।

डाक्टर को मरीज को	देखना है / देखना था / देखना हो / देखना होगा।
डाक्टरों को मरीजों को	देखना है / देखना था / देखना हो / देखना होगा।
अध्यापक को विद्यार्थी को	बुलाना है / बुलाना था / बुलाना हो / बुलाना होगा।
अध्यापक को विद्यार्थियों को	बुलाना है / बुलाना था / बुलाना हो / बुलाना होगा।

2.27 : यदि क्रियापद द्विपदीय नाकृदंत हो और कर्मपद परसर्ग से रहित हो तो क्रियापद कर्मपद के लिंग-वचन का अनुगमन करेगा।

लड़के को चश्मा	खरीदना है / खरीदना था / खरीदना हो / खरीदना होगा।
लड़की को घड़ी	खरीदनी है / खरीदनी थी / खरीदनी हो / खरीदनी होगी।
लड़कों को चश्में	खरीदने हैं / खरीदने थे / खरीदने हों / खरीदने होंगे।
लड़कियों को घड़ियाँ	खरीदनी हैं / खरीदनी थीं / खरीदनी हों / खरीदनी होंगी।

2.29 : द्विपदीय नाकृदंत क्रियापद यदि अकर्मक क्रियामूल (धातु) से बना हो और कर्ता सामान्य पदार्थ का सूचक हो तो उसके साथ 'को' का प्रयोग नहीं भी होता। ऐसी अवस्था में क्रियापद कर्ता के लिंग-वचन का अनुगमन करता है।

नाक को	बहना है / बहना था / बहना हो / बहना होगा
नाक	बहनी है / बहनी थी / बहनी हो / बहनी होगा
मकान को	बनना है / बनना था / बनना हो / बनना होगा
मकान	बनना है / बनना था / बनना हो / बनना होगा
सड़क को	बनना है / बनना था / बनना हो / बनना होगा
सड़क	बननी है / बननी थी / बननी हो / बनना होगी
सैंकड़ो मकान	बनने हैं / बनने थे / बनने हों / बनने होंगे
कई सड़कें	बननी हैं / बननी थीं / बननी हों / बननी होंगी

2.30 : जब द्विपदीय इएकृदंत क्रियापद हो तो कर्ता में 'को' परसर्ग आता है जिसके फलस्वरूप कर्ता के लिंग-वचन का क्रियापद पर प्रभाव नहीं पड़ता।

2.31 : जब द्विपदीय इएकृदंत क्रियापद हो तो कर्मपद सदा परसर्ग से रहित रहेगा और उसके लिंग-वचन का क्रियापद अनुगमन करेगा।

मुझको / मुझे	चश्मा चाहिए है / चाहिए था / चाहिए हो / चाहिए होगा
उसको / उसे	घड़ी चाहिए है / चाहिए थी / चाहिए हो / चाहिए होगी
उनको / उन्हें	चश्में चाहिए हैं / चाहिए थे / चाहिए हो / चाहिए होंगे
तुमको / तुम्हें	घड़ियाँ चाहिए हैं / चाहिए थीं / चाहिए हो / चाहिए होंगी
पिता को पुत्र	चाहिए है / चाहिए था / चाहिए हो / चाहिए होगा
माता को पुत्री	चाहिए है / चाहिए थी / चाहिए हो / चाहिए होगी
राज्य को मुख्यमंत्री	चाहिए है / चाहिए था / चाहिए हो / चाहिए होगा
सीता को राम	चाहिए है / चाहिए था / चाहिए हो / चाहिए होगा
राम को सीता	चाहिए है / चाहिए थी / चाहिए हो / चाहिए होगी

(ii) अविकारी आधारभूत क्रियापद

जैसा कि हम ऊपर देख चुके हैं कि अविकारी आधारभूत क्रियापद चार हैं—

1. क्रियामूल (धातु)
2. नाकृदंत (एकपदीय)
3. इएकृदंत (एकपदीय)
4. इएगाकृदंत (एकपदीय)

2.32 : अविकारी एकपदीय क्रियापद कर्ता-अनुगामी होते हैं, इनके कर्ता के साथ परसर्ग प्रयुक्त नहीं होता।

2.33 : अविकारी आधारभूत क्रियापदों का कर्तापद मात्र कोई विशिष्ट मध्यम पुरुष सर्वनाम होता है।

ध्यान रहे कि सर्वनामों का अपना कोई लिंग नहीं होता। जिन संज्ञाओं का वे प्रतिनिधित्व करते हैं, उन्हीं के लिंग को अपनाते हैं। पुरुषवाचक सर्वनाम दोनों लिंगों में प्रयुक्त होते हैं। क्रियापद की लिंग-वचन की कोटि से उनका लिंग पहचाना जाता है।

2.34 : क्रियामूल (धातु) के रूप में क्रियापद का कर्तापद मात्र मध्यम पुरुष-एकवचन सर्वनाम 'तू' होता है।

= तू (राम) आ / तू (श्याम) जा / तू (रमेश) पढ़ / तू (नरेश) लिख।

= तू (सीता) आ / तू (राधा) जा / तू (कमला) पढ़ / तू (रमा) लिख।

2.35 : एकपदीय नाकृदंत क्रियापद का कर्तापद मध्यम पुरुष-बहुवचन 'तुम' होता है—

तुम (राम) आना, तुम (श्याम) जाना, तुम (रमेश) पढ़ना, तुम (नरेश) लिखना।

तुम (सीता) आना, तुम (राधा) जाना, तुम (कमला) पढ़ना, तुम (रमा) लिखना।

2.36 : कर्तापद के रूप में तू और आप सर्वनामों के साथ नाकृदंत एकपदीय क्रियापद का प्रयोग भी अब प्रायः देखने में आता है।

जैसे—तू आना/तू जाना/तू पढ़ना/तू लिखना; आप आना/आप जाना/आप पढ़ना/ आप लिखना आदि।

2.37 : एकपदीय इएकृदंत या इएगाकृदंत क्रियापद के रूप में हो तो मध्यम पुरुष-बहुवचन 'आप' कर्तापद होता है।

आप (पिता जी)आइए / जाइए / पढ़िए / लिखिए / सोइए।

आप (माता जी) आइए / जाइए / पढ़िए / लिखिए / सोइए।

आप (पिता जी) आइएगा / जाइएगा / पढ़िएगा / लिखिएगा / सोइएगा।

आप (माता जी) आइएगा / जाइएगा / पढ़िएगा / लिखिएगा / लिखिएगा।

आप मोहन को बुलाइए / बुलाइएगा।

आप सोहन को पुस्तक दीजिए / दीजिएगा।

आप सोहन को पुस्तकें दीजिए / दीजिएगा।

आप चश्मा खरीदिए / खरीदिएगा।

आप चश्में खरीदिए / खरीदिएगा।

आप घड़ी खरीदिए / खरीदिएगा।

आप घड़ीयाँ खरीदिए / खरीदिएगा।

सामान्यतः 'तू' के साथ क्रियामूल का, 'तुम' के साथ नाकृदंत का और 'आप' के इएकृदंत तथा इएगाकदृंत का प्रयोग वरीय माना जाता है।

◆

:: 3 ::

संयुक्त क्रियापदों की रूप-रचना

3.1 : जब क्रियामूल (धातु) से संबद्ध दो या दो से अधिक क्रियारूपों का प्रयोग किसी क्रियापद में होता है तो उसे संयुक्त क्रियापद कहते हैं। 'बच्चा सो चला है', 'विद्यार्थी पढ़ता रहता था, 'मकान गिराया गया' और 'मुझे जाने दीजिए'—इन चारों वाक्यों में क्रियामूलों (धातुओं) से संबद्ध दो-दो क्रियारूप प्रयुक्त हुए हैं। ये हैं 'सो' और 'चल', 'पढ़' और 'रह', 'गिरा' और 'जा' तथा 'जा' और 'दे'। अत: ये संयुक्त क्रियापद हैं। वाक्य में सहायक क्रिया के होने या न होने से संयुक्त क्रियापद की रूप-रचना में अंतर नहीं आता। जिन क्रियापदों में क्रियामूल (धातु) से संबद्ध तीन, चार या अधिक क्रियारूप होते हैं, उनकी रूप-रचना के संबंध में 'बृहत् संयुक्त क्रियापदों की रूप-रचना' प्रकरण में विचार किया जाएगा।

3.2 : संयुक्त क्रियापद का पहला क्रियारूप मुख्य क्रिया से संबद्ध होता है और दूसरा क्रियारूप संयोज्य क्रिया से। 'संयोज्य' का अर्थ है—जोड़ा जानेवाला या जुड़नेवाला। संयोज्य क्रिया का अर्थ हुआ—जुड़नेवाली या जोड़ी जानेवाली क्रिया। 'बच्चा सो चला है' में 'सो चला' संयुक्त क्रियापद है जिसमें 'सो' मुख्य क्रिया से संबद्ध क्रियारूप है और 'चला' संयोज्य क्रिया से। 'विद्यार्थी पढ़ता रहता था' में 'पढ़ता रहता' संयुक्त क्रियापद है जिसमें 'पढ़ता' क्रियारूप मुख्य क्रिया से संबद्ध है और 'रहता' संयोज्य क्रिया से। 'मकान गिराया गया' में 'गिराया गया' संयुक्त क्रियापद है जिसमें 'गिराया' मुख्य क्रिया से संबद्ध है और 'गया' संयोज्य क्रिया से। इसी प्रकार 'मुझे जाने दीजिए' में 'जाने दीजिए' संयुक्त क्रियापद है, जिसमें 'जाने' मुख्य क्रिया से संबद्ध है और 'दीजिए' संयोज्य क्रिया से। जिस प्रकार संयुक्त क्रियापदों में क्रियामूल (धातु), ताकृदंत, आकृदंत आदि क्रियारूप मुख्य क्रिया के क्रियारूप में प्रयुक्त होते हैं, उसी प्रकार संयोज्य क्रिया के भी विविध क्रियारूप प्रयुक्त होते हैं। हमारे मनीषी विद्वानों ने 'संयुक्त क्रिया' की स्थायी पहचान के लिए एक रास्ता निकाला। मुख्य क्रिया का क्रियारूप विकारी हो तो पुंलिंग-एकवचन कोटि का लिया जाता है और यदि अविकारी या तिर्यक् हो तो उसे यथारूप लिया जाता है। संयोज्य क्रिया अपने सामान्य नाकारांत कृदंत रूप में रहती है। इस प्रकार 'सो चला', 'पढ़ता रहता', 'गिराया गया' और 'जाने दीजिए' क्रियापदों की संयुक्त क्रियाओं का रूप होगा—सो चलना, पढ़ता रहना, गिराया जाना और जाने देना। 'बच्ची सो चली है', 'लड़की पढ़ती रहती थी', 'इमारत गिरायी गई', उसे 'जाने दो' में भी संयुक्त क्रियाओं का रूप 'सो चलना', 'पढ़ता रहना', 'गिराया जाना' और 'जाने देना' ही होगा।

3.3 : क्रियापद की मुख्य क्रिया अपने सामान्य अर्थ में प्रयुक्त होती है परंतु जब संयोज्य क्रिया के रूप में वही क्रिया प्रयुक्त होती है तो वह किसी विशिष्ट अर्थ में प्रयुक्त होती है न कि अपने सामान्य अर्थ में। यह बात भी ध्यान रखने की है कि कोई संयोज्य क्रिया हर मुख्य क्रिया

के साथ प्रयुक्त नहीं होती और न ही किसी क्रिया के हर क्रियारूप के साथ प्रयुक्त होती है। जिन क्रियाओं के अर्थ किसी संयोज्य क्रिया की अर्थ-दिशा के अनुकूल या सहायक होते हैं, उन्हीं के साथ वह आती है।

3.4 : संयोज्य क्रियाओं की संख्या सीमित है या यों कहिए कि उनका अपना एक छोटा-सा वर्ग है। जर्मन भाषावैज्ञानिक नेस्पिटल ने अपने 'हिंदी क्रिया कोश' में संयोज्य क्रियाओं की संख्या 47 बतलाई है* परंतु हिंदी की अधिकतर व्याकरण संबंधी पुस्तकों में 16 से 20 तक संयोज्य क्रियाओं का विवरण तो मिलता है परंतु उनकी संख्या का उल्लेख नहीं मिलता। नेस्पिटल की सूची में कुछ ऐसी संयोज्य क्रियाओं की भी गिनती की गई है जिनका प्रयोग एक या दो मुख्य क्रियाओं के क्रियारूपों तक सीमित है, जैसे—टपकना, देखना, धमकना, पटकना, पहुँचना, बढ़ना आदि। इनसे बननेवाली संयुक्त क्रियाएँ हैं—आ टपकना, जा टपकना, आ देखना, जा देखना, आ धमकना, जा धमकना, आ पहुँचना, जा पहुँचना, आ बसना, जा बसना आदि। ये तथाकथित संयोज्य क्रियाएँ किसी विशिष्ट अर्थ में प्रयुक्त नहीं होतीं बल्कि अपने सामान्य अर्थ में प्रयुक्त होती हैं। नेस्पिटल ने 'ले चलना' और 'ले जाना' को संयोज्य क्रियाएँ बतलाया है जबकि ये स्वत: संयुक्त क्रियाएँ हैं। खड़ा करना, खड़ा होना और बाहर करना को भी नेस्पिटल ने संयोज्य क्रियाएँ कहा है परंतु 'खड़ा' और 'बाहर' क्रियारूप नहीं हैं। क्रमशः विशेषण और क्रियाविशेषण हैं। इसके अतिरिक्त कुछ महत्त्वपूर्ण संयोज्य क्रियाओं (करना, सकना, होना आदि) का उल्लेख सूची में करने से नेस्पिटल चूक भी गए हैं।

यहाँ 22 संयोज्य क्रियाओं की सूची दी जा रही है और हर संयोज्य क्रिया जिस अर्थ या जिन विशिष्ट अर्थों में प्रयुक्त होती है, उस या उनका विवरण भी दिया जा रहा है।

संयोज्य क्रियाएँ—

1. 'आना'—सहज अग्रसरता; प्रवृत्ति; जैसे—मैं सीधे घर चला आया।
2. 'उठना'—उन्मुखता; जैसे—वह चौंक उठा।

---

* नेस्पिटल द्वारा गिनायी गयी संयोज्य क्रियाएँ—

1. आना	17. देखना	33. बैठना
2. उठना	18. देना	34. बैठाना
3. खड़ा करना	19. दौड़ना	35. भागना
4. खड़ा होना	20. धमकाना	36. भेजना
5. खाना	21. धरना	37. मरना
6. गिरना	22. निकलना	38. मारना
7. गिरना	23. निकालना	39. मिटना
8. गुजरना	24. पटकना	40. मिटाना
9. घसीटना	25. पड़ना	41. रखना
10. चलना	26. पहुँचा	42. रहना
11. चुकना	27. फेंकना	43. लाना
12. छोड़ना	28. बचना	44. ले चलना
13. जाना	29. बनना	45. ले जाना
14. टपकना	30. बसना	46. लेना
15. डालना	31. बाहर करना	47. सुनाना
16. दिखाना	32. बीतना	

3. 'करना'—प्रायिकता; बारंबारता; जैसे—वह हमें बुलाया करता है।
4. 'चलना'—अग्रसरता; निरंतरता; जैसे—मकान बन चला है।
5. 'चाहना'—प्रवृत्ति; पूर्णत्व; संकल्प; जैसे—हमें समाज को बदलना चाहिए।
6. 'चुकना'—निष्पादन; पूर्ति; पूर्णता; जैसे—मैं खा चुका हूँ।
7. 'जाना'—पूर्णता; प्रवृत्ति; अग्रसरता; निरंतरता; जैसे—बादल बरस गए।
8. 'डालना'—पूर्ण समाप्ति; सहसा समाप्ति; उग्रता; जैसे—सेना ने शत्रुओं को मार डाला।
9. 'देना'—सहयोग; वेग; निष्पन्नता; जैसे—मेरा काम कर दीजिए।
10. 'निकलना'—संचार; जैसे—चोर भाग निकला।
11. 'पड़ना'—आकस्मिक क्रियाशीलता; विवशता; जैसे—पेड़ गिर पड़ा।
12. 'पाना'—आंतरिक समर्थता; जैसे—मैं यह काम कैसे कर पाऊँगा।
13. 'बनना'—अनवरोध; जैसे—वह चलता बना।
14. 'बैठना'—अग्रसरता; सुस्थिरता; जैसे—मैं सब कुछ गँवा बैठा।
15. 'मरना'—निश्चयात्मक अप्रिय भाव; जैसे—बाप की जायदाद वह ले मरा।
16. 'रखना'—तैयारी; प्रयोजन; जैसे—उसने मेरे पीछे जासूस लगा रखा है।
17. 'रहना'—प्रायिकता; सातत्य; जैसे—वह आता रहता है।
18. 'लगना'—आरंभ; जैसे—पानी बरसने लगा है।
19. 'लाना'—प्रवृत्ति; साहसिकता; जैसे—वे चोरी का सामान खरीद लाए।
20. 'लेना'—ग्रहण; प्राप्ति; जैसे—उसने सब कुछ ले लिया।
21. 'सकना'—शक्यता; समर्थता; जैसे—अब कुछ नहीं हो सकता।
22. 'होना'—प्रवृत्ति; जैसे—काश! तुमने मेरी बात मानी होती।

3.5 : संयोज्य क्रियाएँ भी अन्य क्रियाओं की तरह मुख्य क्रिया के रूप में प्रयुक्त होती हैं। अंतर इतना है कि वे जब मुख्य क्रिया के रूप में प्रयुक्त होती हैं तो अपने सामान्य अर्थ में ही प्रयुक्त होती हैं। 'सकना' संयोज्य क्रिया के किसी क्रियारूप का प्रयोग मुख्य क्रिया के रूप में नहीं होता।

3.6 : कोई विशिष्ट संयोज्य क्रिया उन्हीं क्रियाओं से संयोजन करती है जिनके अर्थ से उसके अर्थ का तालमेल बैठता हो।

3.7 : सामान्यतः संयुक्त क्रियापदों में कोई विशिष्ट संयोज्य क्रिया किसी मुख्य क्रिया के किसी विशिष्ट क्रियारूप का ही वरण करती है। मुख्य क्रिया का यह विशिष्ट क्रियारूप क्रियामूल (धातु), ताकृदंत, आकृदंत अथवा नाकृदंत—इन चारों में से कोई एक होगा। कुछ संयोज्य क्रियाएँ अवश्य मुख्य क्रिया के दो या अधिक क्रियारूपों के साथ आती हैं जिनके संबंध में पूरा विवरण आगे मिलेगा।

3.8 : संयुक्त क्रियापदों की रचना में संयोज्य क्रियाएँ प्रायः सभी आधारभूत क्रियारूपों और उनके विकारी रूपों को ग्रहण करती हैं, परंतु द्विपदीय इएकृदंत मात्र नाकृदंत को ही मुख्य क्रिया के क्रियारूप में ग्रहण करते हैं।

तालिका : 30

संयोज्य क्रियाओं के संयुक्त क्रियापदों में प्रयुक्त होनेवाले आधारभूत क्रियारूप

क्रियामूल धातु (1)	ताकृदंत (2)	आकृदंत (3)	नाकृदंत (4)	एकृदंत (5)	एगाकृदंत (6)	इएकृदंत (7)	इएगाकृदंत (8)
1. आ	आता	आया	आना	आए	आएगा	आइए	आइएगा
2. उठ	उठता	उठा	उठना	उठे	उठेगा	उठिए	उठिएगा
3. कर	करता	किया×	करना	करे	करेगा	कीजिए×	कीजिएगा×
4. चल	चलता	चला	चलना	चले	चलेगा	चलिए	चलिएगा
5. चाह	चाहता	चाहा	चाहना	चाहे	चाहेगा	चाहिए	चाहिएगा
6. चुक	चुकता	चुका	चुकना	चुके	चुकेगा	चुकिए	चुकिएगा
7. जा	जाता	गया××	जाना	जाए	जाएगा	जाइए	जाइएगा
8. डाल	डालता	डाला	डालना	डाले	डालेगा	डालिए	डालिएगा
9. दे	देता	दिया*	देना	दे	देगा	दीजिए*	दीजिएगा*
10. निकल	निकलता	निकला	निकलना	निकले	निकलेगा	निकलिए	निकलिएगा
11. पड़	पड़ता	पड़ा	पड़ना	पड़े	पड़ेगा	पड़िए	पड़िएगा
12. पा	पाता	पाया	पाना	पाए	पाएगा	पाइए	पाइएगा
13. बन	बनता	बना	बनना	बने	बनेगा	बनिए	बनिएगा
14. बैठ	बैठता	बैठा	बैठना	बैठे	बैठेगा	बैठिए	बैठिएगा
15. मर	मरता	मरा	मरना	मरे	मरेगा	मरिए	मरिएगा
16. रख	रखता	रखा	रखना	रखे	रखेगा	रखिए	रखिएगा
17. रह	रहता	रहा	रहना	रहे	रहेगा	रहिए	रहिएगा
18. लग	लगता	लगा	लगना	लगे	लगेगा	लगिए	लगिएगा
19. ला	लाता	लाया	लाना	लाए	लाएगा	लाइए	लाइएगा
20. ले	लेता	लिया	लेना	ले	लेगा	लीजिए	लीजिएगा
21. सक	सकता	सका	सकना	सके	सकेगा	सकिए	सकिएगा
22. हो	होता	हुआ	होना	हो	होगा	हो गए	होइएगा

तालिका : 31

संयोज्य क्रियाओं के संयुक्त क्रियापदों में प्रयुक्त आधारभूत क्रियारूप

आधारभूत क्रियापद	(1) आना	(2) उठना	(3) करना	(4) चलना	(5) चाहना
क्रियामूल (धातु)	आ	उठ	कर	चल	चाह
ताकृदंत	आता	उठता	करता	चलता	चाहता
आकृदंत	आया	उठा	किया	चला	चाहा
नाकृदंत	आना	उठना	करना	चलना	चाहना
एकृदंत	आए	उठे	करे	चले	चाहे
एगाकृदंत	आएगा	उठेगा	करेगा	चलेगा	चाहेगा
इएकृदंत	आइए	उठिए	कीजिए	चलिए	चाहिए
इएगाकृदंत	आइएगा	उठिएगा	कीजिएगा	चलिएगा	चाहिएगा
ताकृदंत+है	आता है	उठता है	करता है	चलता है	चाहता है
ताकृदंत+था	आता था	उठता था	करता था	चलता था	चाहता था
ताकृदंत+हो	आता हो	उठता हो	करता हो	चलता हो	चाहता हो
ताकृदंत+होगा	आता होगा	उठता होगा	करता होगा	चलता होगा	चाहता होगा
आकृदंत+है	आया है	उठा है	किया है	चला है	चाहा है
आकृदंत+था	आया था	उठा था	किया था	चला था	चाहा था
आकृदंत+हो	आया हो	उठा हो	किया हो	चला हो	चाहा हो
आकृदंत+होगा	आया होगा	उठा होगा	किया होगा	चला होगा	चाहा होगा
नाकृदंत+है	आना है	उठना है	करना है	चलना है	चाहना है
नाकृदंत+था	आना था	उठना था	करना था	चलना था	चाहना था
नाकृदंत+हो	आना हो	उठना हो	करना हो	चलना हो	चाहना हो
नाकृदंत+होगा	आना होगा	उठना होगा	करना होगा	चलना होगा	चाहना होगा
इएकृदंत+है	—	—	—	—	चाहिए है
इएकृदंत+था	—	—	—	—	चाहिए था
इएकृदंत+हो	—	—	—	—	चाहिए हो
इएकृदंत+होगा	—	—	—	—	चाहिए होगा

(क्रमशः)

संयोज्य क्रियाओं के संयुक्त क्रियापदों में प्रयुक्त आधारभूत क्रियारूप

आधारभूत क्रियापद	(6) चुकना	(7) जाना	(8) डालना	(9) देना	(10) निकलना
क्रियामूल (धातु)	चुक	जा	डाल	दे	निकल
ताकृदंत	चुकता	जाता	डालता	देता	निकलता
आकृदंत	चुका	गया	डाला	दिया	निकला
नाकृदंत	चुकना	जाना	डालना	देना	निकलना
एकृदंत	चुके	जाए	डाले	दे	निकले
एगाकृदंत	चुकेगा	जाएगा	डालेगा	देगा	निकलेगा
इएकृदंत	चुकिए	जाइए	डालिए	दीजिए	निकलिए
इएगाकृदंत	चुकिएगा	जाइएगा	डालिएगा	दीजिएगा	निकलिएगा
ताकृदंत+है	चुकता है	जाता है	डालता है	देता है	निकलता है
ताकृदंत+था	चुकता था	जाता था	डालता था	देता था	निकलता था
ताकृदंत+हो	चुकता हो	जाता हो	डालता हो	देता हो	निकलता हो
ताकृदंत+होगा	चुकता होगा	जाता होगा	डालता होगा	देता होगा	निकलता होगा
आकृदंत+है	चुका है	गया है	डाला है	दिया है	निकला है
आकृदंत+था	चुका था	गया था	डाला था	दिया था	निकला था
आकृदंत+हो	चुका हो	जाना हो	डाला हो	दिया हो	निकला हो
आकृदंत+होगा	चुका होगा	जाना होगा	डाला होगा	दिया होगा	निकला होगा
नाकृदंत+है	चुकना है	जाना है	डालना है	देना है	निकलना है
नाकृदंत+था	चुकना था	जाना था	डालना था	देना था	निकलना था
नाकृदंत+हो	चुकना हो	जाना हो	डालना हो	देना हो	निकलना हो
नाकृदंत+होगा	चुकना होगा	जाना होगा	डालना होगा	देना होगा	निकलना होगा
इएकृदंत+है	—	—	—	—	—
इएकृदंत+था	—	—	—	—	—
इएकृदंत+हो	—	—	—	—	—
इएकृदंत+होगा	—	—	—	—	—

(क्रमशः)

संयोज्य क्रियाओं के संयुक्त क्रियापदों में प्रयुक्त आधारभूत क्रियारूप

आधारभूत क्रियापद	(11) पड़ना	(12) पाना	(13) बनना	(14) बैठना	(15) मरना	(16) रखना
क्रियामूल	पड़	पा	बन	बैठ	मर	रख
ताकृदंत	पड़ता	पाता	बनता	बैठना	मरता	रखता
आकृदंत	पड़ा	पाया	बना	बैठा	मरा	रखा
नाकृदंत	पड़ना	पाना	बनना	बैठना	मरना	रखना
एकृदंत	पड़े	पाए	बने	बैठे	मरे	रखे
एगाकृदंत	पड़ेगा	पाइएगा	बनेगा	बैठेगा	मरेगा	रखेगा
इएकृदंत	पड़िए	पाइए	बनिए	बैठिए	मरिए	रखिए
इएगाकृदंत	पड़िएगा	पाइएगा	बनिएगा	बैठिएगा	मरिएगा	रखिएगा
ताकृदंत+है	पड़ता है	पाता है	बनता है	बैठता है	मरता है	रखता है
ताकृदंत+था	पड़ता था	पाता था	बनता था	बैठता था	मरता था	रखता था
ताकृदंत+हो	पड़ता हो	पाता हो	बनता हो	बैठता हो	मरता हो	रखता हो
ताकृदंत+होगा	पड़ता होगा	पाता होगा	बनता होगा	बैठता होगा	मरता होगा	रखता होगा
आकृदंत+है	पड़ा है	पाया है	बना है	बैठा है	मरा है	रखा है
आकृदंत+था	पड़ा था	पाया था	बना था	बैठा था	मरा था	रखा था
आकृदंत+हो	पड़ा हो	पाया हो	बना हो	बैठा हो	मरा हो	रखा हो
आकृदंत+होगा	पड़ा होगा	पाया होगा	बना होगा	बैठा होगा	मरा होगा	रखा होगा
नाकृदंत+है	पड़ना है	पाना है	बनना है	बैठना है	मरना है	रखना है
नाकृदंत+था	पड़ना था	पाना था	बनना था	बैठना था	मरना था	रखना था
नाकृदंत+हो	पड़ना हो	पाना हो	बनना हो	बैठना हो	मरना हो	रखना हो
नाकृदंत+होगा	पड़ना होगा	पाना होगा	बनना होगा	बैठना होगा	मरना होगा	रखना होगा
इएकृदंत+है	—	—	—	—	—	—
इएकृदंत+था	—	—	—	—	—	—
इएकृदंत+हो	—	—	—	—	—	—
इएकृदंत+होगा	—	—	—	—	—	—

(क्रमशः)

संयोज्य क्रियाओं के संयुक्त क्रियापदों में प्रयुक्त आधारभूत क्रियारूप

आधारभूत क्रियापद	(17) रहना	(18) लगना	(19) लाना	(20) लेना	(21) सकना	(22) होना
क्रियामूल (धातु)	रह	लग	ला	ले	सक	हो
ताकृदंत	रहता	लगता	लाता	लेता	सकता	होता
आकृदंत	रहा	लगा	लाया	लिया	सका	हुआ
नाकृदंत	रहना	लगना	लाना	लेना	सकना	होना
एकृदंत	रहे	लगे	लाए	ले	सके	हो
एगाकृदंत	रहेगा	लगेगा	लाएगा	लेगा	सकेगा	होगा
इएकृदंत	रहिए	लगिए	लाइए	लीजिए	सकिए	होइए
इएगाकृदंत	रहिएगा	लगिएगा	लाइएगा	लीजिएगा	सकिएगा	होइएगा
ताकृदंत+है	रहता है	लगता है	लाता है	लेता है	सकता है	होता है
ताकृदंत+था	रहता था	लगता था	लाता था	लेता था	सकता था	होता था
ताकृदंत+हो	रहता हो	लगता हो	लाता हो	लेता हो	सकता हो	होता हो
ताकृदंत+होगा	रहता होगा	लगता होगा	लाता होगा	लेता होगा	सकता होगा	होता होगा
आकृदंत+है	रहा है	लगा है	लाया है	लिया है	सका है	हुआ है
आकृदंत+था	रहा था	लगा था	लाया था	लिया था	सका था	हुआ था
आकृदंत+हो	रहा हो	लगा हो	लाया हो	लिया हो	सका हो	हुआ हो
आकृदंत+होगा	रहा होगा	लगा होगा	लाया होगा	लिया होगा	सका होगा	हुआ होगा
नाकृदंत+है	रहना है	लगना है	लाना है	लेना है	सकना है	होना है
नाकृदंत+था	रहना था	लगना था	लाना था	लेना था	सकना था	होना था
नाकृदंत+हो	रहना हो	लगना हो	लाना हो	लेना हो	सकना हो	होना हो
नाकृदंत+होगा	रहना होगा	लगना होगा	लाना होगा	लेना होगा	सकना होगा	होना होगा
इएकृदंत+है	—	—	—	—	—	—
इएकृदंत+था	—	—	—	—	—	—
इएकृदंत+हो	—	—	—	—	—	—
इएकृदंत+होगा	—	—	—	—	—	—

उक्त क्रियारूपों के लिंग–वचन–पुरुष की दृष्टि से सभी विकारी रूप नियमानुसार बनेंगे। आना, जाना, देना, लेना आदि सामान्य क्रियाओं के उदाहरण विगत प्रकरण में प्रस्तुत किए जा चुके हैं। संयोग से उक्त क्रियाएँ संयोज्य क्रियाओं के रूप में भी प्रयुक्त होती हैं।

3.9 : 17 (सत्रह) संयोज्य क्रियाएँ ऐसी हैं जिनके साथ मुख्य क्रिया का क्रियारूप क्रियामूल (धातु) प्रयुक्त होता है। वे हैं—1. आना 2. उठना 3. चलना 4. चुकना 5. जाना 6. डालना 7. देना 8. निकलना 9. पड़ना 10. पाना 11. बैठना 12. मरना 13. रखना 14. रहना 15. लाना 16. लेना 17. सकना।

संयुक्त क्रियापदों में मुख्य क्रिया के क्रियारूप क्रियामूल (धातु) के साथ प्रयुक्त होनेवाली संयोज्य क्रियाएँ—

1. आना—घिर आना, निकल आना, बिता आना, सुना आना, लुटा आना आदि।
2. उठना—जाग उठना, झूम उठना, नाच उठना, तड़प उठना, फड़क उठना आदि।
3. चलना—बन चलना, बुझ चलना, मिट चलना, निकल चलना, उठ चलना आदि।
4. चुकना—खा चुकना, पी चुकना, खेल चुकना, देख चुकना, लिख चुकना आदि।
5. जाना—आ जाना, खा जाना, दे जाना, ले जाना, सुन जाना, सो जाना आदि।
6. डालना—काट डालना, फूँक डालना, मार डालना, गँवा डालना, जला डालना आदि।
7. देना—उड़ा देना, खिला देना, दे देना, बता देना, बना देना, भगा देना, मार देना, ला देना, सुला देना, हटा देना आदि।
8. निकलना—चल निकलना, जा निकलना, बच निकलना, भाग निकलना आदि।
9. पड़ना—गिर पड़ना, चल पड़ना, उछल पड़ना, फिसल पड़ना, हँस पड़ना आदि।
10. पाना—कर पाना, खा पाना, चल पाना, देख पाना, लिख पाना आदि।
11. बैठना—कर बैठना, दे बैठना, ले बैठना, गँवा बैठना, सोच बैठना, मार बैठना आदि।
12. मरना—जल मरना, डूब मरना, ले मरना, दे मरना, खा मरना आदि।
13. रखना—खोल रखना, छोड़ रखना, पकड़ रखना, बैठा रखना, सँभाल रखना आदि।
14. रहना—'रहना' संयोज्य क्रिया का 'रहा' आकृदंत क्रियारूप ही मुख्य क्रिया के क्रियामूल (धातु) क्रियारूप के साथ प्रयुक्त होता है—

    आ रहा है, जा रहा था, पढ़ रहा हो, लिख रहा होगा, सुन रहा है आदि।

    सुना रहा है, देख रहा था, चला रहा हो, खा रहा होगा, सुन रहा है, पी रहा था आदि।
15. लाना—उठा लाना, खरीद लाना, बचा लाना, कमा लाना, घुमा लाना आदि।
16. लेना—कर लेना, बना लेना, मान लेना, सह लेना, हड़प लेना, ले लेना आदि।
17. सकना—आ सकना, जा सकना, पढ़ सकना, लिख सकना, सो सकना, हँस सकना, खा सकना, पी सकना, देख सकना, सुन सकना आदि।

3.10 : मुख्य क्रिया के किसी विशिष्ट क्रियारूप के साथ संयोज्य क्रिया प्रायः उन सभी क्रियारूपों में प्रयुक्त होती है जिन्हें वह सामान्यतः क्रिया के रूप में आधारभूत क्रियापदों में ग्रहण करती है।

आगे तालिका में मुख्य क्रिया के रूप में प्रयुक्त आना, रुकना, खाना और देखना क्रियाओं के क्रियामूलों (धातुओं) आ, रुक, खा और देख के साथ 'जाना' संयोज्य क्रिया के विभिन्न क्रियारूपों को देखें—

तालिका : 32

संयोज्य क्रिया 'जाना' के आधारभूत क्रियारूप	मुख्य क्रिया का क्रियारूप			
	क्रियामूल आ	क्रियामूल रुक	क्रियामूल खा	क्रियामूल देख
क्रियामूल (धातु)—जा	आ जा	रुक जा	खा जा	देख जा
ताकृदंत—जाता	आ जाता	रुक जाता	खा जाता	देख जाता
आकृदंत—गया	आ गया	रुक गया	खा गया	देख गया
नाकृदंत—जाना	आ जाना	रुक जाना	खा जाना	देख जाना
एकृदंत—जाए	आ जाए	रुक जाए	खा जाए	देख जाए
एगाकृदंत—जाएगा	आ जाएगा	रुक जाएगा	खा जाएगा	देख जाएगा
इएकृदंत—जाइए	आ जाइए	रुक जाइए	खा जाइए	देख जाइए
इएगाकृदंत—जाइएगा	आ जाइएगा	रुक जाइएगा	खा जाइएगा	देख जाइएगा
ताकृदंत+है—जाता है	आ जाता है	रुक जाता है	खा जाता है	देख जाता है
ताकृदंत+था—जाता था	आ जाता था	रुक जाता था	खा जाता था	देख जाता था
ताकृदंत+हो—जाता हो	आ जाता हो	रुक जाता हो	खा जाता हो	देख जाता हो
ताकृदंत+होगा—जाता होगा	आ जाता होगा	रुक जाता होगा	खा जाता होगा	देख जाता होगा
आकृदंत+है—गया है	आ गया है	रुक गया है	खा गया है	देख गया है
आकृदंत+था—गया था	आ गया था	रुक गया था	ख गया था	देख गया था
आकृदंत+हो—गया हो	आ गया हो	रुक गया हो	खा गया हो	देख गया हो
आकृदंत+होगा—गया होगा	आ गया होगा	रुक गया होगा	खा गया होगा	देख गया होगा
नाकृदंत+है—जाना है	आ जाना है	रुक जाना है	खा जाना है	देख जाना है
नाकृदंत+था—जाना था	आ जाना था	रुक जाना था	खा जाना था	देख जाना था
नाकृदंत+हो—जाना हो	आ जाना हो	रुक जाना हो	खा जाना हो	देख जाना हो
नाकृदंत+होगा—जाना होगा	आ जाना होगा	रुक जाना होगा	खा जाना होगा	देख जाना होगा
इएकृदंत+है—चाहिए है	द्विपदीय इएकृदंत संयोज्य		नियम (3.8)	
इएकृदंत+था—चाहिए था	क्रिया के साथ मुख्यक्रिया			
इएकृदंत+हो—चाहिए हो	का क्रियामूल (धातु)			
इएकृदंत+होगा—चाहिए होगा	प्रयुक्त नहीं होता			

ध्यान रहे कि सहायक क्रियाओं के रूप में है, था, हो और होगा का प्रयोग संयुक्त क्रियापदों में क्रियामूलों (धातुओं) के साथ नहीं होता।

3.10.1 : नीचे की तालिका में मुख्य क्रिया के क्रियामूल (धातु) 'कर' के साथ सकना, पाना, बैठना और लेना संयोज्य क्रियाओं के योग से बननेवाले क्रियापदों का अवलोकर करें—

तालिका : 33

मुख्य क्रियारूप क्रियामूल 'कर' के साथ संयोज्य क्रिया के आधारभूत क्रियापद	संयोज्यक्रिया 'सकना' के क्रियारूप	संयोज्य क्रिया 'पाना' के क्रियारूप	संयोज्य क्रिया 'बैठना' के क्रियारूप	संयोज्य क्रिया 'लेना' के क्रियारूप	संयोज्य क्रिया 'देना' के क्रियारूप
कर+क्रियामूल (धातु)	कर सक	कर पा	कर बैठ	कर ले	कर दे
कर+ताकृदंत	कर सकता	कर पाता	कर बैठता	कर लेता	कर देता
कर+आकृदंत	कर सका	कर पाया	कर बैठा	कर लिया	कर दिया
कर+नाकृदंत	कर सकना	कर पाना	कर बैठना	कर लेना	कर देना
कर+एकृदंत	कर सके	कर पाए	कर बैठे	कर ले	कर दे
कर+एगाकृदंत	कर सकेगा	कर पाएगा	कर बैठेगा	कर लेगा	कर देगा
कर+इएकृदंत	कर सकिए	कर पाइए	कर बैठिए	कर लीजिए	कर दीजिए
कर+इएगाकृदंत	कर सकिएगा	कर पाइएगा	कर बैठिएगा	कर लीजिएगा	कर दीजिएगा
कर+ताकृदंत+है	कर सकता है	कर पाता है	कर बैठता है	कर लेता है	कर देता है
कर+ताकृदंत+था	कर सकता था	कर पाता था	कर बैठता था	कर लेता था	कर देता था
कर+ताकृदंत+हो	कर सकता हो	कर पाता हो	कर बैठता हो	कर लेता हो	कर देता हो
कर+ताकृदंत+होगा	कर सकता होगा	कर पाता होगा	कर बैठता होगा	कर लेता होगा	कर देता होगा
कर+आकृदंत+है	कर सका है	कर पाया है	कर बैठा है	कर लिया है	कर दिया है
कर+आकृदंत+था	कर सका था	कर पाया था	कर बैठा था	कर लिया था	कर दिया था
कर+आकृदंत+हो	कर सका हो	कर पाया हो	कर बैठा हो	कर लिया हो	कर दिया हो
कर+आकृदंत+होगा	कर सका होगा	कर पाया होगा	कर बैठा होगा	कर लिया होगा	कर दिया होगा
कर+नाकृदंत+है	कर सकना है	कर पाना है	कर बैठना है	कर लेना है	कर देना है
कर+नाकृदंत+था	कर सकना था	कर पाना था	कर बैठना था	कर लेना था	कर देना था
कर+नाकृदंत+हो	कर सकना हो	कर पाना हो	कर बैठना हो	कर लेना हो	कर देना हो
कर+नाकृदंत+होगा	कर सकना होगा	कर पाना होगा	कर बैठना होगा	कर लेना होगा	कर देना होगा
इएकृदंत+है इएकृदंत+था इएकृदंत+हो इएकृदंत+होगा	इस वर्ग की संयोज्य क्रियारूपों के साथ मुख्य क्रिया के रूप में क्रियामूल (धातु) क्रियारूप का प्रयोग नहीं होता। } नियम (3.8)				

3.10.2 : नीचे की तालिका में 'आ जाना' संयुक्त क्रिया के लिंग-वचन की विभिन्न चारों कोटियों में होनेवाली रूप-रचना को देखें—

तालिका : 34

विकारी आधारभूत क्रियापद के क्रियारूप	पुंलिंग-एकवचन कोटि	स्त्रीलिंग-एकवचन कोटि	पुंलिंग-बहुवचन कोटि	स्त्रीलिंग-बहुवचन कोटि
क्रियामूल+ताकृदंत	आ जाता	आ जाती	आ जाते	आ जातीं
क्रियामूल+आकृदंत	आ गया	आ गयी	आ गये	आ गयीं
क्रियामूल+एकृदंत	आ जाए	आ जाए	आ जाएँ	आ जाएँ
क्रियामूल+एगाकृदंत	आ जाएगा	आ जाएगी	आ जाएँगे	आ जाएँगी
क्रियामूल+ताकृदंत+है	आ जाता है	आ जाती है	आ जाते हैं	आ जाती हैं
कियामूल+ताकृदंत+था	आ जाता था	आ जाती थी	आ जाते थे	आ जाती थीं
क्रियामूल+ताकृदंत+हो	आ जाता हो	आ जाती हो	आ जाते हों	आ जाती हों
क्रियामूल+ताकृदंत+होगा	आ जाता होगा	आ जाती होगी	आ जाते होंगे	आ जाती होंगी
क्रियामूल+आकृदंत+है	आ गया है	आ गयी है	आ गये हैं	आ गयी हैं
क्रियामूल+आकृदंत+था	आ गया था	आ गयी थी	आ गये थे	आ गयी थीं
क्रियामूल+आकृदंत+हो	आ गया हो	आ गयी हो	आ गये हों	आ गयी हों
क्रियामूल+आकृदंत+होगा	आ गया होगा	आ गयी होगी	आ गये होंगे	आ गयी होंगी
क्रियामूल+आकृदंत+है	आ जाना है	आ जानी है	आ जाने हैं	आ जानी हैं
क्रियाकूल+आकृदंत+था	आ जाना था	आ जानी थी	आ जाने थे	आ जानी थीं
क्रियामूल+आकृदंत+हो	आ जाना हो	आ जानी हो	आ जाने हों	आ जानी हों
क्रियामूल+आकृदंत+होगा	आ जाना होगा	आ जानी होगी	आ जाने होंगे	आ जानी होंगी
क्रियामूल+इएकृदंत+है	मुख्य क्रिया के क्रियामूल क्रियारूप के साथ द्विपदीय इएकृदंत क्रियारूप संयोज्य क्रिया के रूप में प्रयुक्त नहीं होते। } नियम (3.8)			
क्रियामूल+इएकृदंत+था				
क्रियामूल+इएकृदंत+हो				
क्रियामूल+इएकृदंत+होगा				

3.10.3 : नीचे लिखी तालिका में 'कर देना' संयुक्त क्रिया के विकारी क्रियापदों की लिंग-वचन की विभिन्न कोटियों में होनेवाली रूप-रचना दरशायी गई है—

तालिका : 35

संयोज्य क्रिया के विकारी आधारभूत क्रियापद तथा मुख्य क्रिया क्रियामूल (धातु) रूप में	पुंलिंग-एकवचन कोटि	स्त्रीलिंग-एकवचन कोटि	पुंलिंग-बहुवचन कोटि	स्त्रीलिंग-बहुवचन कोटि
क्रिमू(धातु)+ताकृदंत	कर देता	कर देती	कर देते	कर देतीं
क्रिमू(धातु)+आकृदंत	कर दिया	कर दी	कर दिये	कर दीं
क्रिमू(धातु)+एकृदंत	कर दे	कर दे	कर दें	कर दें
क्रिमू(धातु)+एगाकृदंत	कर देगा	कर देगी	कर देंगे	कर देंगी
क्रिमू(धातु)+ताकृदंत+है	कर देता है	कर देती है	कर देते हैं	कर देती हैं
क्रिमू(धातु)+ताकृदंत+था	कर देता था	कर देती थी	कर देते थे	कर देती थीं
क्रिमू(धातु)+ताकृदंत+हो	कर देता हो	कर देती हो	कर देते हों	कर देती हों
क्रिमू(धातु)+ताकृदंत+होगा	कर देता होगा	कर देती होगी	कर देते होंगे	कर देती होंगी
क्रिमू(धातु)+आकृदंत+है	कर दिया है	कर दी है	कर दिये हैं	कर दी हैं
क्रिमू(धातु)+आकृदंत+था	कर दिया था	कर दी थी	कर दिये थे	कर दी थीं
क्रिमू(धातु)+आकृदंत+हो	कर दिया हो	कर दी हो	कर दिये हों	कर दी हों
क्रिमू(धातु)+आकृदंत+होगा	कर दिया होगा	कर दी होगी	कर दिये होंगे	कर दी होंगी
क्रिमू(धातु)+नाकृदंत+है	कर देना है	कर देनी है	कर देने हैं	कर देनी हैं
क्रिमू(धातु)+नाकृदंत+था	कर देना था	कर देनी थी	कर देने थे	कर देनी थीं
क्रिमू(धातु)+नाकृदंत+हो	कर देना हो	कर देनी हो	कर देने हों	कर देनी हों
क्रिमू(धातु)+नाकृदंत+होगा	कर देना होगा	कर देनी होगी	कर देने होंगे	कर देनी होंगी
क्रिमू(धातु)+इएकृदंत+है क्रिमू(धातु)+इएकृदंत+था क्रिमू(धातु)+इएकृदंत+हो क्रिमू(धातु)+इएकृदंत+होगा	मुख्य क्रिया के क्रियामूल क्रियारूप द्विपदीय इएकृदंत क्रियारूप के साथ संयोज्य क्रिया के रूप में प्रयुक्त नहीं होते।			नियम (3.8)

3.10.4 : उत्तम पुरुष के पुंलिंग-एकवचन तथा स्त्रीलिंग-एकवचन संयुक्त क्रियापदों की रूप-रचना पूर्व निर्धारित नियमों (2.14; 2.15) के अनुसार ही होगी—

तालिका : 36

आना मुख्य क्रिया क्रियामूल (धातु) रूप में	जाना संयोज्य क्रिया आधारभूत विकारी क्रियापदों में	अन्य पुरुष पुंलिंग-एकवचन रूप में	उत्तम पुरुष पुंलिंग-एकवचन रूप में	अन्य पुरुष स्त्रीलिंग-एकवचन रूप में	उत्तम पुरुष स्त्रीलिंग-एकवचन रूप में
आ+ताकृदंत	आ जाता	(वह)आ जाता	(मैं)आ जाता	(वह)आ जाती	(मैं)आ जाती
आ+आकृदंत	आ गया	आ गया	आ गया	आ गयी	आ गयी
आ+एकृदंत	आ जाए	आ जाए	आ जाऊँ	आ जाए	आ जाऊँ
आ+एगाकृदंत	आ जाएगा	आ जाएगा	आ जाऊँगा	आ जाएगी	आ जाऊँगी
आ+ताकृदंत+है	आ जाता है	आ जाता है	आ जाता हूँ	आ जाती है	आ जाती हूँ
आ+ताकृदंत+था	आ जाता था	आ जाता था	आ जाता था	आ जाती थी	आ जाती थी
आ+ताकृदंत+हो	आ जाता हो	आ जाता हो	आ जाता होऊँ	आ जाती हो	आ जाती होऊँ
आ+ताकृदंत+होगा	आ जाता होगा	आ जाता होगा	आ जाता होऊँगा	आ जाती होगी	आ जाती होऊँगी
आ+आकृदंत+है	आ गया है	आ गया है	आ गया हूँ	आ गयी है	आ गयी हूँ
आ+आकृदंत+था	आ गया था	आ गया था	आ गया था	आ गयी थी	आ गयी थी
आ+आकृदंत+हो	आ गया हो	आ गया हो	आ गया होऊँ	आ गयी हो	आ गयी होऊँ
आ+आकृदंत+होगा	आ गया होगा	आ गया होगा	आ गया होऊँगा	आ गयी होगी	आ गयी होऊँगी
आ+नाकृदंत+है	आ जाना है	आ जाना है	प्रयुक्त	आ जानी है	प्रयुक्त
आ+नाकृदंत+था	आ जाना था	आ जाना था	नहीं	आ जानी थी	नहीं
आ+नाकृदंत+हो	आ जाना हो	आ जाना हो	होते	आ जानी हो	होते
आ+नाकृदंत+होगा	आ जाना होगा	आ जाना होगा		आ जानी होगी	
आ+इएकृदंत+है	प्रयुक्त नहीं	प्रयुक्त नहीं	प्रयुक्त नहीं	प्रयुक्त नहीं	प्रयुक्त नहीं
आ+इएकृदंत+था	होते	होते	होते	होते	होते
आ+इएकृदंत+हो					
आ+इएकृदंत+होगा					

3.10.5 : मध्यम पुरुष के पुंलिंग-बहुवचन तथा स्त्रीलिंग-बहुवचन विकारी क्रियापदों की रूप-रचना पूर्व निर्धारित नियमों (2.16.; 2.17) के अनुसार ही होगी—

तालिका : 37

आना मुख्य क्रिया क्रियामूल (धातु) रूप में	जाना संयोज्य क्रिया विकारी आधारभूत क्रियापदों में	अन्य पुरुष पुंलिंग-बहुवचन रूप में	मध्यम पुरुष पुंलिंग-बहुवचन रूप में	अन्य पुरुष स्त्रीलिंग-बहुवचन रूप में	मध्यम पुरुष स्त्रीलिंग-बहुवचन रूप में
आ+ताकृदंत	आ जाता	(वे) आ जाते	(तुम)आ जाते	(वे)आ जातीं	(तुम)आ जाती
आ+आकृदंत	आ गया	आ गये	आ गये	आ गयीं	आ गयी
आ+एकृदंत	आ जाए	आ जाएँ	आ जाओ	आ जाएँ	आ जाओ
आ+एगाकृदंत	आ जाएगा	आ जाएँगे	आ जाओगे	आ जाएँगी	आ जाओगी
आ+ताकृदंत+है	आ जाता है	आ जाते हैं	आ जाते हो	आ जाती हैं	आ जाती हो
आ+ताकृदंत+था	आ जाता था	आ जाते थे	आ जाते थे	आ जाती थीं	आ जाती थी
आ+ताकृदंत+हो	आ जाता हो	आ जाते हों	आ जाते हो	आ जाती हों	आ जाती हो
आ+ताकृदंत+होगा	आ जाता होगा	आ जाते होंगे	आ जाते होगे	आ जाती होंगी	आ जाती होगी
आ+आकृदंत+है	आ गया है	आ गये हैं	आ गये हो	आ गयी हैं	आ गयी हो
आ+आकृदंत+था	आ गया था	आ गये थे	आ गये थे	आ गयी थीं	आ गयी थी
आ+आकृदंत+हो	आ गया हो	आ गये हों	आ गये हो	आ गयी हों	आ गयी हो
आ+आकृदंत+होगा	आ गया होगा	आ गये होंगे	आ गये होगे	आ गयी होंगी	आ गयी होगी
आ+नाकृदंत+है	आ जाना है	आ जाने हैं	प्रयुक्त नहीं	आ जानी हैं	प्रयुक्त नहीं
आ+नाकृदंत+था	आ जाना था	आ जाने थे	प्रयुक्त	आ जानी थीं	होते
आ+नाकृदंत+हो	आ जाना हो	आ जाने हों	नहीं	आ जानी हों	
आ+नाकृदंत+होगा	आ जाना होगा	आ जाने होंगे	होते	आ जानी होंगी	
आ+इएकृदंत+है	प्रयुक्त नहीं	प्रयुक्त नहीं	प्रयुक्त नहीं	प्रयुक्त नहीं	प्रयुक्त नहीं
आ+इएकृदंत+था	होते	होते	होते	होते	होते
आ+इएकृदंत+हो					
आ+इएकृदंत+होगा					

3.10.6 : मुख्य क्रिया के क्रियारूप क्रियामूल (धातु) के साथ 'रहना' संयोज्य क्रिया के मात्र आकृदंत एकपदीय तथा द्विपदीय क्रियारूप ही प्रयुक्त होते हैं—

तालिका : 38

संयोज्य क्रिया 'रहना' के आधारभूत विकारी क्रियारूप	मुख्य क्रिया—क्रियामूल (धातु) रूप में		
	देख	**पढ़**	**लिख**
ताकृदंत—रहता	—	—	—
आकृदंत—रहा	देख रहा	पढ़ रहा	लिख रहा
नाकृदंत—रहना	—	—	—
एकृदंत—रहे	—	—	—
एगाकृदंत—रहेगा	—	—	—
इएकृदंत—रहिए	—	—	—
इएगाकृदंत—रहिएगा	—	—	—
ताकृदंत—रहता है	—	—	—
ताकृदंत—रहता था	—	—	—
ताकृदंत—रहता हो	—	—	—
ताकृदंत—रहता होगा	—	—	—
आकृदंत—रहा है	देख रहा है	पढ़ रहा है	लिख रहा है
आकृदंत—रहा था	देख रहा था	पढ़ रहा था	लिख रहा था
आकृदंत—रहा हो	देख रहा हो	पढ़ रहा हो	लिख रहा हो
आकृदंत—रहा होगा	देख रहा होगा	पढ़ रहा होगा	लिख रहा होगा
नाकृदंत+रहना है	—	—	—
नाकृदंत+रहना था	—	—	—
नाकृदंत—हो+रहना हो	—	—	—
नाकृदंत—होगा+रहना होगा	—	—	—

3.10.7 : मुख्य क्रिया के क्रियामूल (धातु) 'आ' तथा 'जा' क्रियारूपों के साथ 'रहना' संयोज्य क्रिया के अवश्य विविध रूप देखने में आते हैं—

तालिका : 39

संयोज्य क्रिया 'रहना' के आधारभूत क्रियारूप	आना मुख्य क्रिया का क्रियामूल (धातु) क्रियारूप	जाना मुख्य क्रिया का क्रियामूल (धातु) क्रियारूप	पढ़ना मुख्य क्रिया का क्रियामूल (धातु) क्रियारूप	लिखना मुख्य क्रिया का क्रियामूल (धातु) क्रियारूप
क्रियामूल (धातु)—रह	आ रह	जा रह	—	—
ताकृदंत—रहता	आ रहता	जा रहता	—	—
आकृदंत—रहा	आ रहा	जा रहा	पढ़ रहा	लिख रहा
नाकृदंत—रहना	आ रहना	जा रहना	—	—
एकृदंत—रहे	आ रहे	जा रहे	—	—
एगाकृदंत—रहेगा	आ रहेगा	जा रहेगा	—	—
इएकृदंत—रहिए	आ रहिए	जा रहिए	—	—
इएगाकृदंत—रहिएगा	आ रहिएगा	जा रहिएगा	—	—
ताकृदंत+है—रहता है	आ रहता है	जा रहता है	—	—
ताकृदंत+था—रहता था	आ रहता था	जा रहता था	—	—
ताकृदंत+हो—रहता हो	आ रहता हो	जा रहता हो	—	—
ताकृदंत+होगा—रहता होगा	आ रहता होगा	जा रहता होगा	—	—
आकृदंत+है—रहा है	आ रहा है	जा रहा है	पढ़ रहा है	लिख रहा है
आकृदंत+था—रहा था	आ रहा था	जा रहा था	पढ़ रहा था	लिख रहा था
आकृदंत+हो—रहा हो	आ रहा हो	जा रहा हो	पढ़ रहा हो	लिख रहा हो
आकृदंत+होगा—रहा होगा	आ रहा होगा	जा रहा होगा	पढ़ रहा होगा	लिख रहा होगा
नाकृदंत+है—रहना है	आ रहना है	जा रहना है	—	—
नाकृदंत+था—रहना था	आ रहना था	जा रहना था	—	—
नाकृदंत+हो—रहना हो	आ रहना हो	जा रहना हो	—	—
नाकृदंत+होगा—रहना होगा	आ रहना होगा	आ रहना होगा	—	—

3.10.8 : मुख्य क्रिया का क्रियारूप क्रियामूल (धातु) हो तो 'रहना' संयोज्य क्रिया के साथ बननेवाली संयुक्त क्रिया के लिंग-वचन की विविध कोटियाँ यथानियम इस प्रकार होंगी—

तालिका : 40

मुख्य क्रिया क्रियामूल (धातु) रूप में	संयोज्य क्रिया आकृदंत रूप में	पुंलिंग-एकवचन कोटि	स्त्रीलिंग-एकवचन कोटि	पुंलिंग-बहुवचन कोटि	स्त्रीलिंग-बहुवचन कोटि
पढ़	रहा	पढ़ रहा	पढ़ रही	पढ़ रहे	पढ़ रहीं
पढ़	रहा है	पढ़ रहा है	पढ़ रही है	पढ़ रहे हैं	पढ़ रही हैं
पढ़	रहा था	पढ़ रहा था	पढ़ रही थी	पढ़ रहे थे	पढ़ रही थीं
पढ़	रहा हो	पढ़ रहा हो	पढ़ रही हो	पढ़ रहे हों	पढ़ रही हों
पढ़	रहा होगा	पढ़ रहा होगा	पढ़ रही होगी	पढ़ रहे होंगे	पढ़ रही होंगी
लिख	रहा	लिख रहा	लिख रही	लिख रहे	लिख रहीं
लिख	रहा है	लिख रहा है	लिख रही है	लिख रहे हैं	लिख रही हैं
लिख	रहा था	लिख रहा था	लिख रही थी	लिख रहे थे	लिख रही थीं
लिख	रहा हो	लिख रहा हो	लिख रही हो	लिख रहे हों	लिख रही हों
लिख	रहा होगा	लिख रहा होगा	लिख रही होगी	लिख रहे होंगे	लिख रही होंगी
देख	रहा	देख रहा	देख रही	देख रहे	देख रहीं
देख	रहा है	देख रहा है	देख रही है	देख रहे हैं	देख रही हैं
देख	रहा था	देख रहा था	देख रही थी	देख रहे थे	देख रही थीं
देख	रहा हो	देख रहा हो	देख रही हो	देख रहे हों	देख रही हों
देख	रहा होगा	देख रहा होगा	देख रही होगी	देख रहे होंगे	देख रही होंगी
चल	रहा	चल रहा	चल रही	चल रहे	चल रहीं
चल	रहा है	चल रहा है	चल रही है	चल रहे हैं	चल रही हैं
चल	रहा था	चल रहा था	चल रही थी	चल रहे थे	चल रही थीं
चल	रहा हो	चल रहा हो	चल रही हो	चल रहे हों	चल रही हों
चल	रहा होगा	चल रहा होगा	चल रही होगी	चल रहे होंगे	चल रही होंगी

3.10.9 : मुख्य क्रिया के क्रियारूप क्रियामूल (धातु) के साथ संयोज्य क्रिया 'रहना' के उत्तम पुरुष पुंलिंग-एकवचन तथा उत्तम पुरुष स्त्रीलिंग-एकवचन रूप यथानियम बनेंगे।

उत्तम पुरुष पुंलिंग-एकवचन तथा उत्तम पुरुष स्त्रीलिंग एकवचन क्रियापद

तालिका : 41

पुंलिंग-एकवचन कोटि के क्रियापद	उत्तम पुरुष पुंलिंग-एकवचन क्रियापद	उत्तम पुरुष स्त्रीलिंग-एकवचन क्रियापद
पढ़ रहा	पढ़ रहा	पढ़ रही
पढ़ रहा है	पढ़ रहा हूँ	पढ़ रही हूँ
पढ़ रहा था	पढ़ रहा था	पढ़ रही थी
पढ़ रहा हो	पढ़ रहा होऊँ	पढ़ रही होऊँ
पढ़ रहा होगा	पढ़ रहा होऊँगा	पढ़ रही होऊँगी
देख रहा	देख रहा	देख रही
देख रहा है	देख रहा हूँ	देख रही हूँ
देख रहा था	देख रहा था	देख रही थी
देख रहा हो	देख रहा होऊँ	देख रही होऊँ
देख रहा होगा	देख रहा होऊँगा	देख रही होऊँगी

मध्य पुरुष पुंलिंग-बहुवचन तथा मध्यम पुरुष स्त्रीलिंग-बहुवचन क्रियापदों के साथ मात्र 'तुम' सर्वनाम कर्ता होता है।

तालिका : 42

पुंलिंग-बहुवचन कोटि	मध्यम पुरुष पुंलिंग-बहुवचन	मध्यम पुरुष स्त्रीलिंग-बहुवचन
पढ़ रहे	पढ़ रहे	पढ़ रही
पढ़ रहे हैं	पढ़ रहे हो	पढ़ रही हो
पढ़ रहे थे	पढ़ रहे थे	पढ़ रही थी
पढ़ रहे हों	पढ़ रहे हो	पढ़ रही हो
पढ़ रहे होंगे	पढ़ रहे होगे	पढ़ रही होगी
देख रहे	देख रहे	देख रही
देख रहे हैं	देख रहे हो	देख रही हो
देख रहे थे	दख रहे थे	देख रही थी
देख रहे हों	देख रहे हो	देख रही हो
देख रहे होंगे	देख रहे होगे	देख रही होगी

3.10.10 : आधारभूत क्रियापदों के जो क्रियारूप अविकारी हैं, वे संयोज्य क्रियारूप के रूप में भी अविकारी ही रहते हैं—

तालिका : 43

मुख्य क्रिया क्रियामूल (धातु) के रूप में	**संयोज्य क्रिया के अविकारी क्रियारूप**	**'तू' एकवचन कर्तापद के साथ दोनों लिंगों में**	**'तुम' बहुवचन कर्तापद के साथ दोनों लिंगों में**	**'आप' बहुवचन कर्तापद के साथ दोनों लिंगों में**
	(i) क्रियामूल			
आ	जा	आ जा	—	—
कर	दे	कर दे	—	—
खा	ले	खा ले	—	—
दे	दे	दे दे	—	—
	(ii) नाकृदंत			
आ	जाना	आ जाना	आ जाना	आ जाना
कर	देना	कर देना	कर देना	कर देना
खा	लेना	खा लेना	खा लेना	खा लेना
दे	देना	दे देना	दे देना	दे देना
	(iii) इएकृदंत			
आ	जाइए	—	—	आ जाइए
कर	दीजिए	—	—	कर दीजिए
खा	लीजिए	—	—	खा लीजिए
दे	दीजिए	—	—	दे दीजिए
	(iv) इएगाकृदंत			
आ	जाइएगा	—	—	आ जाइएगा
कर	दीजिएगा	—	—	कर दीजिएगा
खा	लीजिएगा	—	—	खा लीजिएगा
दे	दीजिएगा	—	—	दे दीजिएगा

3.11 : संयुक्त क्रियापद में मुख्यक्रिया का क्रियारूप ताकृदंत हो तो आना, चलना, जाना, रहना और होना संयोज्य क्रियाओं का प्रयोग होता है।

3.12 : संयोज्य क्रिया का द्विपदीय नाकृदंत क्रियारूप हो तो (क) ताकृदंत मुख्य क्रियारूप तिर्यक् हो जाता है तथा (ख) संयोज्य क्रिया का क्रियापद अविकारी हो जाता है।

यहाँ यह स्मरण रखना भी आवश्यक है कि एकपदीय नाकृदंत, इएकृदंत तथा इएगाकृदंत क्रियापद के रूप में बहुवचन में प्रयुक्त होते हैं क्योंकि इनके साथ कर्ता रूप में प्रयुक्त 'तुम' और 'आप' मध्यम पुरुष सर्वनाम-बहुवचन हैं। अतः इनके साथ मुख्य क्रिया के रूप में प्रयुक्त आकारांत कृदंत भी बहुवचन रूप में प्रयुक्त होते हैं—

तालिका : 44

मुख्य क्रिया का क्रियारूप ताकृदंत	संयोज्य क्रिया आधारभूत क्रियारूप में	संयोज्य क्रिया 'आना'	संयोज्य क्रिया 'जाना'	संयोज्य क्रिया 'चलना'	संयोज्य क्रिया 'रहना'	संयोज्य क्रिया 'होना'
ताकृदंत	क्रियामूल (धातु)	करता आ	देता जा	बढ़ता चल	लिखता रह	पढ़ता हो
ताकृदंत	ताकृदंत	करता आता	देता आता	बढ़ता चलता	लिखता रहता	पढ़ता होता
ताकृदंत	आकृदंत	करता आया	देता गया	बढ़ता चला	लिखता रहा	पढ़ता हुआ
ताकृदंत	नाकृदंत*	करते आना	देते जाना	बढ़ते चलना	लिखते रहना	पढ़ते होना
ताकृदंत	एकृदंत	करता आए	देता जाए	बढ़ता चले	लिखता रहे	लिखता हो
ताकृदंत	एगाकृदंत	करता आएगा	देता जाएगा	बढ़ता चलेगा	लिखता रहेगा	पढ़ता होगा
ताकृदंत	इएकृदंत*	करते आइए	देते जाइए	बढ़ते चलिए	लिखते रहिए	पढ़ते होइए
ताकृदंत	इएगाकृदंत*	करते आइएगा	देते जाइएगा	बढ़ते चलिएगा	लिखते रहिएगा	पढ़ते होइएगा
ताकृदंत	ताकृदंत+है	करता आता है	देता जाता है	बढ़ता चलता है	लिखता रहता है	पढ़ता होता है
ताकृदंत	ताकृदंत+था	करता आता था	देता जाता था	बढ़ता चलता था	लिखता रहता था	पढ़ता होता था
ताकृदंत	ताकृदंत+हो	करता आता हो	देता जाता हो	बढ़ता चलता हो	लिखता रहता हो	पढ़ता होता हो
ताकृदंत	ताकृदंत+होगा	करता आता होगा	देता जाता होगा	बढ़ता चलता होगा	लिखता रहता होगा	पढ़ता होता होगा
ताकृदंत	आकृदंत+है	करता आया है	देता गया है	बढ़ता चला है	लिखता रहा है	पढ़ता हुआ है
ताकृदंत	आकृदंत+था	करता आया था	देता गया था	बढ़ता चला था	लिखता रहा था	पढ़ता हुआ था
ताकृदंत	आकृदंत+हो	करता आया हो	देता गया हो	बढ़ता चला हो	लिखता रहा हो	पढ़ता हुआ हो
ताकृदंत	आकृदंत+होगा	करता आया होगा	देता गया होगा	बढ़ता चला होगा	लिखता रहा होगा	पढ़ता हुआ होगा
ताकृदंत	नाकृदंत+है (3.12)	करते आना है	देते जाना है	बढ़ते चलना है	लिखते रहना है	पढ़ते होना है
ताकृदंत	नाकृदंत+था (3.12)	करते आना था	देते जाना था	बढ़ते चलना था	लिखते रहना था	पढ़ते होना था
ताकृदंत	नाकृदंत+हो (3.12)	करते आना हो	देते आना हो	बढ़ते चलना हो	लिखते रहना हो	पढ़ते होना हो
ताकृदंत	नाकृदंत+होगा (3.12)	करते आना होगा	देते जाना होगा	बढ़ते चलना होगा	लिखते रहना होगा	पढ़ते होना होगा
ताकृदंत	इएकृदंत+है	संयोज्य क्रिया के रूप में द्विपदीय इएकृदंतों के साथ मुख्य क्रिया का ताकृदंत क्रियारूप प्रयुक्त नहीं होता।				
ताकृदंत	इएकृदंत+था					
ताकृदंत	इएकृदंत+हो					
ताकृदंत	इएकृदंत+होगा					

ध्यान दें : राम पुस्तक पढ़ता रहता है। सीता पुस्तक पढ़ती रहती है।
मोहन आम खाता रहा होगा। राधा लीची खाती रही होगी।

परंतु नियम 3.12 के अनुसार—संयोज्य क्रिया के द्विपदीय नाकृदंत की उपस्थिति में—
राम को पुस्तक पढ़ते रहना है। सीता को पुस्तक पढ़ते रहना है।
मोहन को आम खाते रहना होगा। राधा को लीची खाते रहना होगा।

* संयोज्य क्रिया के रूप में द्विपदीय इएकृदंत 'चाहिए' और मूल क्रिया का प्रयोग मुख्यक्रिया के क्रियामूल क्रियारूप के साथ नहीं होता।

3.13 : मुख्य क्रिया के रूप में क्रियामूल (धातु) 'चल' से बना ताकृदंत 'चलता' अविकारी रूप में सकर्मक संयोज्य क्रियाओं 'करना' और 'रखना' के साथ प्रयुक्त होता है।

3.14 : मुख्य क्रिया के अविकारी या तिर्यक् क्रियारूपों में विकार या रूपांतर नहीं होता—

तालिका : 45

मुख्य क्रिया अविकारी ताकृदंत	संयोज्य क्रिया विविध रूपों में	संयोज्य क्रिया 'करना' विविध रूपों में	संयोज्य क्रिया 'रखना' विविध रूपों में
ताकृदंत	क्रियामूल (धातु)	चलता कर	चलता रख
ताकृदंत	ताकृदंत	चलता करता	चलता रखता
ताकृदंत	आकृदंत	चलता किया	चलता रखा
ताकृदंत	नाकृदंत	चलता करना	चलता रखना
ताकृदंत	एकृदंत	चलता करे	चलता रखे
ताकृदंत	एगाकृदंत	चलता करेगा	चलता रखेगा
ताकृदंत	इएकृदंत	चलता करिए/कीजिए	चलता रखिए
ताकृदंत	इएगाकृदंत	चलता करिएगा/कीजिएगा	चलता रखिएगा
ताकृदंत	ताकृदंत+है	चलता करता है	चलता रखता है
ताकृदंत	ताकृदंत+था	चलता करता था	चलता रखता था
ताकृदंत	ताकृदंत+हो	चलता करता हो	चलता रखता हो
ताकृदंत	ताकृदंत+होगा	चलता करता होगा	चलता रखता होगा
ताकृदंत	आकृदंत+है	चलता किया है	चलता रखा है
ताकृदंत	आकृदंत+था	चलता किया था	चलता रखा था
ताकृदंत	आकृदंत+हो	चलता किया हो	चलता रखा हो
ताकृदंत	आकृदंत+होगा	चलता किया होगा	चलता रखा होगा
ताकृदंत	नाकृदंत+है	चलता करना है	चलता रखना है
ताकृदंत	नाकृदंत+था	चलता करना था	चलता रखना था
ताकृदंत	नाकृदंत+हो	चलता करना हो	चलता रखना हो
ताकृदंत	नाकृदंत+होगा	चलता करना होगा	चलता रखना होगा
ताकृदंत	इएकृदंत+है	प्रयुक्त नहीं होते	
ताकृदंत	इएकृदंत+था		
ताकृदंत	इएकृदंत+हो		
ताकृदंत	इएकृदंत+होगा		

इतना ध्यान रखें कि मुख्यक्रिया के अविकारी क्रिया क्रियारूप में तो लिंग-वचन के अनुसार विकार नहीं होगा परंतु संयोज्य क्रिया और सहायक क्रिया में यथानियम विकार होगा—

लड़का काम चलता करता है। लड़की काम चलता करती है।

लड़के ने काम चलता किया। लड़की ने काम चलता किया।

3.15 : संयोज्य क्रिया 'बनना' के साथ (क) मुख्य क्रिया का 'ताकृदंत' क्रियारूप तिर्यक् रूप में और बहुधा नकारात्मक निपात के साथ प्रयुक्त होता है तथा (ख) कर्ता सदा 'से' परसर्ग से युक्त रहता है।

वस्तुतः तिर्यक् ताकृदंत तथा 'बनना' संयोज्य क्रिया के क्रियापदों का संबंध वाच्य से है। इस पर वाच्य के प्रकरण में विस्तार से विचार होगा—

तालिका : 46

मुख्य क्रिया का ताकृदंत क्रियारूप तिर्यक् रूप में	संयोज्य क्रिया के आधारभूत क्रियारूप	'खेल' क्रियामूल से बना खेलता ताकृदंत का तिर्यक् रूप 'खेलते'	'पढ़' क्रियामूल से बना 'पढ़ता' ताकृदंत का तिर्यक् रूप 'पढ़ते'	'लिख' क्रियामूल से बना 'लिखता' ताकृदंत का तिर्यक् क्रियारूप 'लिखते'
तिर्यक् ताकृदंत	क्रियामूल	प्रयुक्त नहीं	प्रयुक्त नहीं	प्रयुक्त नहीं
तिर्यक् ताकृदंत	ताकृदंत	खेलते बनता	पढ़ते बनता	लिखते बनता
तिर्यक् ताकृदंत	आकृदंत	खेलते बना	पढ़ते बना	लिखते बना
तिर्यक् ताकृदंत	*नाकृदंत	खेलते बनना	पढ़ते बनना	लिखते बनना
तिर्यक् ताकृदंत	एकृदंत	खेलते बने	पढ़ते बने	लिखते बने
तिर्यक् ताकृदंत	एगाकृदंत	खेलते बनेगा	पढ़ते बनेगा	लिखते बनेगा
तिर्यक् ताकृदंत	**इएकृदंत	खेलते बनिए	पढ़ते बनिए	लिखते बनिए
तिर्यक् ताकृदंत	**इएगाकृदंत	खेलते बनिएगा	पढ़ते बनिएगा	लिखते बलिएगा
तिर्यक् ताकृदंत	ताकृदंत्+है	खेलते बनता है	पढ़ते बनता है	लिखते बनता है
तिर्यक् ताकृदंत	ताकृदंत+था	खेलते बनता था	पढ़ते बनता था	लिखते बनता था
तिर्यक् ताकृदंत	ताकृदंत+हो	खेलते बनता हो	पढ़ते बनता हो	लिखते बनता हो
तिर्यक् ताकृदंत	ताकृदंत+होगा	खेलते बनता होगा	पढ़ते बनता होगा	लिखते बनता होगा
तिर्यक् ताकृदंत	आकृदंत+है	खेलते बना है	पढ़ते बना है	लिखते बना है
तिर्यक् ताकृदंत	आकृदंत+था	खेलते बना था	पढ़ते बना था	लिखते बना था
तिर्यक् ताकृदंत	आकृदंत+हो	खेलते बना हो	पढ़ते बना हो	लिखते बना हो
तिर्यक् ताकृदंत	आकृदंत+होगा	खेलते बना होगा	पढ़ते बना होगा	लिखते बना होगा
तिर्यक् ताकृदंत	नाकृदंत+है	खेलते बनना है	पढ़ते बनना है	लिखते बनना है
तिर्यक् ताकृदंत	नाकृदंत+था	खेलते बनना था	पढ़ते बनना था	लिखते बनना था
तिर्यक् ताकृदंत	नाकृदंत+हो	खेलते बनना हो	पढ़ते बनना हो	लिखते बनना हो
तिर्यक् ताकृदंत	नाकृदंत+होगा	खेलते बनना होगा	पढ़ते बनना होगा	लिखते बनना होगा
तिर्यक् ताकृदंत	इएकृदंत+है			
तिर्यक् ताकृदंत	इएकृदंत+था	तिर्यक कृदंत का मुख्य क्रिया के क्रियारूप		
तिर्यक् ताकृदंत	इएकृदंत+हो	में द्विपदीय इएकृदंत संयोज्य क्रिया के साथ		
तिर्यक् ताकृदंत	इएकृदंत+होगा	प्रयोग नहीं होता		

3.16 : मुहावरा 'चलता बनना' ऐसी संयुक्त क्रिया के रूप में है जिसमें 'बनना' संयोज्य क्रिया के साथ मुख्य क्रिया का ताकृदंत क्रियारूप तिर्यक् नहीं बल्कि सामान्य अर्थात् विकारी रूप में रहता है।

* प्रायः संज्ञारूप में प्रयुक्त होता है।

** नियम 3.12 देखें।

तालिका : 47

मुख्य क्रिया ताकृदंत तिर्यक् क्रियारूप में	संयोज्य क्रिया आधारभूत क्रियारूप में	'चलता बनना' संयुक्त क्रिया के क्रियापद
तिर्यक् ताकृदंत	क्रियामूल	चलता बन
तिर्यक् ताकृदंत	ताकृदंत	चलता बनता
तिर्यक् ताकृदंत	आकृदंत	चलता बना
तिर्यक् ताकृदंत	नाकृदंत	चलते बनना
तिर्यक् ताकृदंत	एकृदंत	चलता बने
तिर्यक् ताकृदंत	एगाकृदंत	चलता बनेगा
तिर्यक् ताकृदंत	इएकृदंत	चलते बनिए
तिर्यक् ताकृदंत	इएगाकृदंत	चलते बनिएगा
तिर्यक् ताकृदंत	ताकृदंत+है	चलता बनता है
तिर्यक् ताकृदंत	ताकृदंत+था	चलता बनता था
तिर्यक् ताकृदंत	ताकृदंत+हो	चलता बनता हो
तिर्यक् ताकृदंत	ताकृदंत+होगा	चलता बनता होगा
तिर्यक् ताकृदंत	आकृदंत+है	चलता बना है
तिर्यक् ताकृदंत	आकृदंत+था	चलता बना था
तिर्यक् ताकृदंत	आकृदंत+हो	चलता बना हो
तिर्यक् आकृदंत	आकृदंत+होगा	चलता बना होगा
तिर्यक् ताकृदंत	नाकृदंत+है	चलते बनना है*
तिर्यक् ताकृदंत	नाकृदंत+था	चलते बनना था
तिर्यक् ताकृदंत	नाकृदंत+हो	चलते बनना हो
तिर्यक् ताकृदंत	नाकृदंत+होगा	चलते बनना होगा
तिर्यक् ताकृदंत	इएकृदंत+है	
तिर्यक् ताकृदंत	इएकृदंत+था	प्रयुक्त नहीं होते
तिर्यक् ताकृदंत	इएकृदंत+हो	
तिर्यक् ताकृदंत	इएकृदंत+होगा	

उक्त क्रियापदों की रचना सामान्य रीति से होती है—

लड़का चलता बनता है। लड़की चलती बनती है।

लड़का चलता बनेगा। लड़की चलती बनेगी।

लड़के चलते बने। लड़कियाँ चलती बनीं।

लड़का चलता बना। लड़की चलती बनीं।

लड़कों को चलते बनता है। लड़कियों को चलती बनना है।

(नियम 3.12 के अनुसार)

* नियम 3.12 देखें।

तालिका : 48

'पढ़ना' मुख्य क्रिया ताकृदंत रूप में	'जाना' संयोज्य क्रिया विकारी आधार-भूत रूप में	अन्य पुरुष तथा मध्यम पुरुष के विकारी रूप		उत्तम पुरुष के विकारी रूप		अन्य पुरुष तथा उत्तम पुरुष के विकारी रूप		मध्यम पुरुष के विकारी रूप	
		पुंलिंग एकवचन	स्त्रीलिंग एकवचन	पुंलिंग एकवचन	स्त्रीलिंग एकवचन	पुंलिंग बहुवचन	स्त्रीलिंग बहुवचन	पुंलिंग बहुवचन	स्त्रीलिंग बहुवचन
1. पढ़ता+ताकृदंत	पढ़ता जाता	पढ़ता जाता	पढ़ती जाती	पढ़ता जाता	पढ़ती जाती	पढ़ते जाते	पढ़ती जातीं	पढ़ते जाते	पढ़ती जाती
2. पढ़ता+आकृदंत	पढ़ता गया	पढ़ता गया	पढ़ती गयी	पढ़ता गया	पढ़ती गयी	पढ़ते गये	पढ़ती गयीं	पढ़ते गये	पढ़ती गयी
3. पढ़ता+एकृदंत	पढ़ता जाए	पढ़ता जाए	पढ़ती जाए	पढ़ता जाऊँ	पढ़ती जाऊँ	पढ़ते जाएँ	पढ़ती जाएँ	पढ़ते जाओ	पढ़ती जाओ
4. पढ़ता+एगाकृदंत	पढ़ता जाएगा	पढ़ता जाएगा	पढ़ती जाएगी	पढ़ता जाऊँगा	पढ़ती जाऊँगी	पढ़ते जाएँगे	पढ़ती जाएँगी	पढ़ते जाओगे	पढ़ती जाओगी
5. पढ़ता+ताकृदंत+है	पढ़ता जाता है	पढ़ता जाता है	पढ़ती जाती है	पढ़ता जाता हूँ	पढ़ती जाती हूँ	पढ़ते जाते हैं	पढ़ती जाती हैं	पढ़ते जाते हो	पढ़ती जाती हो
6. पढ़ता+ताकृदंत+था	पढ़ता जाता था	पढ़ता जाता था	पढ़ती जाती थी	पढ़ता जाता था	पढ़ती जाती थी	पढ़ते जाते थे	पढ़ती जाती थीं	पढ़ते जाते थे	पढ़ती जाती थी
7. पढ़ता+ताकृदंत+हो	पढ़ता जाता हो	पढ़ता जाता हो	पढ़ती जाती हो	पढ़ता जाता होऊँ	पढ़ती जाती होऊँ	पढ़ते जाते हों	पढ़ती जाती हों	पढ़ते जाते हो	पढ़ती जाती हो
8. पढ़ता+ताकृदंत+होगा	पढ़ता जाता होगा	पढ़ता जाता होगा	पढ़ती जाती होगी	पढ़ता जाता होऊँगा	पढ़ती जाती होऊँगी	पढ़ते जाते होंगे	पढ़ती जाती होंगी	पढ़ते जाते होगे	पढ़ती जाती होगी
9. पढ़ता+आकृदंत+है	पढ़ता गया है	पढ़ता गया है	पढ़ता गयी है	पढ़ता गया हूँ	पढ़ती गयी हूँ	पढ़ते गये हैं	पढ़ती गयी हैं	पढ़ते गये हो	पढ़ती गयी हो
10. पढ़ता+आकृदंत+था	पढ़ता गया था	पढ़ता गया था	पढ़ती गयी थी	पढ़ता गया था	पढ़ती गयी थी	पढ़ते गये थे	पढ़ती गई थीं	पढ़ते गये थे	पढ़ती गयी थी
11. पढ़ता+आकृदंत+हो	पढ़ता गया हो	पढ़ता गया हो	पढ़ती गयी हो	पढ़ता गया होऊँ	पढ़ती गयी होऊँ	पढ़ते गये हों	पढ़ती गयी हों	पढ़ते गये हो	पढ़ती गयी हो
12. पढ़ता+आकृदंत+होगा	पढ़ता गया होगा	पढ़ता गया होगा	पढ़ती गयी होगी	पढ़ता गया होऊँगा	पढ़ती गयी होऊँगी	पढ़ते गये होंगे	पढ़ती गई होंगी	पढ़ते गये होगे	पढ़ती गयी होगी
13. पढ़ता+नाकृदंत+है	पढ़ते जाना है	* पढ़ते जाना है	—	—	—	—	—	—	—
14. पढ़ता+नाकृदंत+था	पढ़ते जाना था	पढ़ते जाना था	—	—	—	—	—	—	—
15. पढ़ता+नाकृदंत+हो	पढ़ते जाना हो	पढ़ते जाना हो	—	—	—	—	—	—	—
16. पढ़ता+नाकृदंत+होगा	पढ़ते जाना होगा	पढ़ते जाना होगा	—	—	—	—	—	—	—
ताकृदंत के साथ द्विपदीय इएकृदंत संयोज्य क्रिया का प्रयोग नहीं होता									

* देखें नियम 3.12

3.17 : अविकारी आधारभूत क्रियापद संयोज्य क्रिया के क्रियारूप में प्रयुक्त होने पर भी अविकारी रहते हैं, परंतु संयोज्य क्रिया के साथ प्रयुक्त होनेवाली मुख्य क्रिया के विकारी क्रियारूप में यथानियम विकार होते हैं।

तालिका : 49

मुख्य क्रिया ताकृदंत विकारी क्रियारूप में	संयोज्य क्रिया का अविकारी क्रियारूप	मध्यम पुरुष तू कर्तापद पुंलिंग एकवचन	मध्यम पुरुष तू कर्तापद स्त्रीलिंग एकवचन	मध्यम पुरुष तुम कर्तापद पुंलिंग बहुवचन	मध्यम पुरुष तुम कर्तापद स्त्रीलिंग बहुवचन	मध्यम पुरुष आप कर्तापद पुंलिंग बहुवचन	मध्यम पुरुष आप कर्तापद स्त्रीलिंग बहुवचन
	(i) क्रियामूल (धातु)						
करता	जा	करता जा	करती जा	—	—	—	—
देता	चल	देता जा	देती जा	—	—	—	—
बढ़ता	रह	बढ़ता रह	बढ़ती रह	—	—	—	—
पढ़ता	हो	पढ़ता हो	पढ़ती हो	—	—	—	—
	(ii) नाकृदंत*						
करता	जाना	करता जाना	करती जाना	पढ़ते जाना	पढ़ती जाना	पढ़ते जाना	पढ़ती जाना
देता	चलना	देता चलना	देती चलना	देते चलना	देती चलना	देते चलना	देती चलना
बढ़ता	रहना	बढ़ता रहना	बढ़ती रहना	बढ़ते रहना	बढ़ती रहना	बढ़ते रहना	बढ़ती रहना
पढ़ता	होना	पढ़ता होना	पढ़ती होना	पढ़ते होना	पढ़ती होना	पढ़ते होना	पढ़ती होना
	(iii) इएकृदंत						
करता	जाइए	—	—	—	—	करते जाइए	करती जाइए
देता	चलिए	—	—	—	—	देते चलिए	देती चलिए
बढ़ता	रहिए	—	—	—	—	बढ़ते चलिए	बढ़ती रहिए
पढ़ता	होइए	—	—	—	—	पढ़ते होइए	पढ़ती होइए
	(iv) इएगाकृदंत						
करता	जाइएगा	—	—	—	—	करते जाइएगा	करती जाइएगा
देता	चलिएगा	—	—	—	—	देते चलिएगा	देती चलिएगा
बढ़ता	रहिएगा	—	—	—	—	बढ़ते रहिएगा	बढ़ती रहिएगा
पढ़ता	होइएगा	—	—	—	—	पढ़ते होइएगा	पढ़ती होइएगा

3.18 : संयुक्त क्रियापद की मुख्य क्रिया का क्रियारूप आकृदंत हो तो (क) जाना, रहना और होना अकर्मक संयोज्य क्रियाओं का प्रयोग होता है (ख) संयोज्य क्रिया का द्विपदीय नाकृदंत क्रियारूप होने पर तिर्यक् हो जाता है तथा (ग) संयुक्त क्रियापद पुंलिंग एकवचन रहता है।

* ऐसा प्रतीत होता है कि संयोज्य क्रिया के नाकृदंत क्रियारूप का विशेष रूप से प्रयोग 'तुम' कर्तापद के साथ ही होता है। 'तू' और 'आप' का तो क्रमशः क्रियामूल (धातु) और इएकृदंत के साथ होता है। 'तू' और 'आप' के साथ नाकृदंत का प्रयोग इधर चल पड़ा है।

तालिका : 50

मुख्य क्रिया आकृदंत क्रियारूप में	संयोज्य क्रिया आधारभूत क्रियारूप में	मुख्य क्रिया आकृदंत चला+ संयोज्य क्रिया जाना	मुख्य क्रिया आकृदंत बैठा+ संयोज्य क्रिया रहना	आकृदंत उठा+ संयोज्य क्रिया होना
आकृदंत	क्रियामूल	चला जा	बैठा रह	उठा हो
आकृदंत	ताकृदंत	चला जाता	बैठा रहता	उठा होगा
आकृदंत	आकृदंत	चला गया	बैठा रहा	उठा हुआ
आकृदंत	नाकृदंत	चले जाना	बैठे रहना	उठे होना
आकृदंत	एकृदंत	चला जाए	बैठा रहे	उठा हो
आकृदंत	एगाकृदंत	चला जाएगा	बैठा रहेगा	उठा होगा
आकृदंत	इएकृदंत	चले जाइए	बैठे रहिए	उठे होइए
आकृदंत	इएगाकृदंत	चले जाइएगा	बैठे रहिएगा	उठे होइएगा
आकृदंत	ताकृदंत+है	चला जाता है	बैठा रहता है	उठा होता है
आकृदंत	ताकृदंत+था	चला जाता था	बैठा रहता था	उठा होता था
आकृदंत	ताकृदंत+हो	चला जाता हो	बैठा रहता हो	उठा होता हो
आकृदंत	ताकृदंत+होगा	चला जाता होगा	बैठा रहता होगा	उठा होता होगा
आकृदंत	आकृदंत+है	चला गया है	बैठा रहा है	उठा हुआ है
आकृदंत	आकृदंत+था	चला गया था	बैठा रहा था	उठा हुआ था
आकृदंत	आकृदंत+हो	चला गया हो	बैठा रहा हो	उठा हुआ हो
आकृदंत	आकृदंत+होगा	चला गया होगा	बैठा रहा होगा	उठा हुआ होगा
आकृदंत	नाकृदंत+है	चले जाना है*	बैठे रहना है*	उठे होना है*
आकृदंत	नाकृदंत+था	चले जाना था	बैठे रहना था	उठे होना था
आकृदंत	नाकृदंत+हो	चले जाना हो	बैठे रहना हो	उठे होना हो
आकृदंत	नाकृदंत+होगा	चले जाना होगा	बैठे रहना होगा	उठे होना होगा
आकृदंत	इएकृदंत+है			
आकृदंत	इएकृदंत+था	×	×	
आकृदंत	इएकृदंत+हो			
आकृदंत	इएकृदंत+होगा			

3.19 : संयुक्त क्रियापदों में संयोज्य क्रिया 'करना' के साथ मुख्य क्रिया का अविकारी आकृदंत क्रियारूप प्रयुक्त होता है—

* संयोज्य क्रिया के द्विपदीय नाकृदंत क्रियारूप के साथ प्रयुक्त मुख्य क्रिया का आकृदंत क्रियारूप (नियम 3.12) एकारांत होता है।

* मुख्य क्रिया के आकारांत रूप भी देखने में आते हैं, जैसे—

चला जाना है, बैठा रहना है, उठा होना है
चला जाना था, बैठा रहना था, उठा होना था
चला जाना हो, बैठा रहना हो, उठा होना हो
चला जाना होगा, बैठा रहना होगा, उठा होना होगा

तालिका : 51

मुख्य क्रिया आकृदंत अविकारी रूप में	संयोज्य क्रिया के आधारभूत क्रियापद	मुख्य क्रियारूप अविकारी आकृदंत + संयोज्यक्रिया 'करना' के आधारभूत रूप	मुख्य क्रियारूप अविकारी आकृदंत पढ़ा+संयोज्य क्रिया 'करना' के आधारभूत रूप	मुख्य क्रियारूप अविकारी आकृदंत देखा+संयोज्य-क्रिया 'करना' के आधारभूत रूप
आकृदंत	क्रियामूल (धातु)	आया कर	पढ़ा कर	देखा कर
आकृदंत	ताकृदंत	आया करता	पढ़ा करता	देखा करता
आकृदंत	आकृदंत	आया किया	पढ़ा किया	देखा किया
आकृदंत	नाकृदंत	आया करना	पढ़ा करना	देखा करना
आकृदंत	एकृदंत	आया करे	पढ़ा करे	देखा करे
आकृदंत	एगाकृदंत	आया करेगा	पढ़ा करेगा	देखा करेगा
आकृदंत	इएकृदंत	आया कीजिए	पढ़ा कीजिए	देखा कीजिए
आकृदंत	इएगाकृदंत	आया कीजिएगा	पढ़ा कीजिएगा	देखा कीजिएगा
आकृदंत	ताकृदंत+है	आया करता है	पढ़ा करता है	देखा करता है
आकृदंत	ताकृदंत+था	आया करता था	पढ़ा करता था	देखा करता था
आकृदंत	ताकृदंत+हो	आया करता हो	पढ़ा करता हो	देखा करता हो
आकृदंत	ताकृदंत+होगा	आया करता होगा	पढ़ा करता होगा	देखा करता होगा
आकृदंत	आकृदंत+है	आया किया है	पढ़ा किया है	देखा किया है
आकृदंत	आकृदंत+था	आया किया था	पढ़ा किया था	देखा किया था
आकृदंत	आकृदंत+हो	आया किया हो	पढ़ा किया हो	देखा किया हो
आकृदंत	आकृदंत+होगा	आया किया होगा	पढ़ा किया होगा	देखा किया होगा
आकृदंत	नाकृदंत+है	आया करना है	पढ़ा करना है	देखा करना है
आकृदंत	नाकृदंत+था	आया करना था	पढ़ा करना था	देखा करना था
आकृदंत	नाकृदंत+हो	आया करना हो	पढ़ा करना हो	देखा करना हो
आकृदंत	नाकृदंत+होगा	आया करना होगा	पढ़ा करना होगा	देखा करना होगा

ध्यान रहे कि उक्त आधारभूत क्रियापदों को लिंग-वचन-पुरुष के अनुरूप ढालेंगे तो मुख्य क्रिया के रूप में प्रयुक्त अविकारी आकृदंत में तो परिवर्तन नहीं होगा जबकि क्रियापद के अन्य क्रियारूपों में (संयोज्य क्रियाओं तथा सहायक क्रियाओं में) यथानियम परिवर्तन होगा :

	प्रथम कोटि	**द्वितीय कोटि**
	वह आया करता है।	वह आया करती है।
	तृतीय कोटि	**चतुर्थ कोटि**
	वे आया करते हैं।	वे आया करती हैं।
इसी प्रकार	मैं आया करूँगा।	मैं आया करूँगी।
	तुम आया करो।	तुम आया करो।
	आप/हम आया करेंगे।	आप/हम आया करेंगी।

3.20 : संयोज्य क्रिया जाना, चलना, डालना, रखना और रहना के साथ सकर्मक मुख्य क्रिया का क्रियारूप आकृदंत तिर्यक् रूप में प्रयुक्त होता है।

सकर्मक मुख्य क्रिया—दबाना, आकृदंत—दबाया, तिर्यक् आकृदंत—दबाये

(ध्यान रहे कि तिर्यक् क्रियारूपों में विकार नहीं होता। (नियम 3.14)

तालिका : 52

मुख्य क्रिया तिर्यक् आकृदंत	संयोज्य क्रिया के आधारभूत क्रियारूप	मुख्य क्रिया 'करना' का तिर्यक् आकृदंत	संयोज्य क्रिया 'जाना' के आधारभूत क्रियारूप	मुख्य क्रिया 'दबाना' का तिर्यक् आकृदंत	संयोज्य क्रिया 'रखना' के आधारभूत क्रियारूप	मुख्य क्रिया 'पीना' का तिर्यक् आकृदंत	संयोज्य क्रिया 'रहना' के आधारभूत क्रियारूप	मुख्य क्रिया 'पढ़ना' का तिर्यक् आकृदंत	संयोज्य क्रिया 'चलना' के आधारभूत क्रियापद	मुख्य क्रिया 'खाना' का तिर्यक् आकृदंत	संयोज्य क्रिया 'डालना' के आधारभूत क्रियापद
तिर्यक् आकृदंत	क्रियामूल	किये	जा	दबाये	रख	पिये	रह	पढ़े	चल	खाये	डाल
तिर्यक् आकृदंत	ताकृदंत	किये	जाता	दबाये	रखता	पिये	रहता	पढ़े	चलता	खाये	डालता
तिर्यक् आकृदंत	आकृदंत	किये	गया	दबाये	रखा	पिये	रहा	पढ़े	चला	खाये	डाला
तिर्यक् आकृदंत	नाकृदंत	किये	जाना	दबाये	रखना	पिये	रहना	पढ़े	चलना	खाये	डालना
तिर्यक् आकृदंत	एकृदंत	किये	जाए	दबाये	रखे	पिये	रहे	पढ़े	चले	खाये	डाले
तिर्यक् आकृदंत	एगाकृदंत	किये	जाएगा	दबाये	रखेगा	पिये	रहेगा	पढ़े	चलेगा	खाये	डालेगा
तिर्यक् आकृदंत	इएकृदंत	किये	जाइए	दबाये	रखिए	पिये	रहिए	पढ़े	चलिए	खाये	डालिए
तिर्यक् आकृदंत	इएगाकृदंत	किये	जाइएगा	दबाये	रखिएगा	पिये	रहिएगा	पढ़े	चलिएगा	खाये	डालिएगा
तिर्यक् आकृदंत	ताकृदंत+है	किये	जाता है	दबाये	रखता है	पिये	रहता है	पढ़े	चलता है	खाये	डालता है
तिर्यक् आकृदंत	ताकृदंत+था	किये	जाता था	दबाये	रखता था	पिये	रहता था	पढ़े	चलता था	खाये	डालता था
तिर्यक् आकृदंत	ताकृदंत+हो	किये	जाता हो	दबाये	रखता हो	पिये	रहता हो	पढ़े	चलता हो	खाये	डालता हो
तिर्यक् आकृदंत	ताकृदंत+होगा	किये	जाता होगा	दबाये	रखता होगा	पिये	रहता होगा	पढ़े	चलता होगा	खाये	डालता होगा
तिर्यक् आकृदंत	आकृदंत+है	किये	गया है	दबाये	रखा है	पिये	रहा है	पढ़े	चला है	खाये	डाला है
तिर्यक् आकृदंत	आकृदंत+था	किये	गया था	दबाये	रखा था	पिये	रहा था	पढ़े	चला था	खाये	डाला था
तिर्यक् आकृदंत	आकृदंत+हो	किये	गया हो	दबाये	रखा हो	पिये	रहा हो	पढ़े	चला हो	खाये	डाला हो
तिर्यक् आकृदंत	आकृदंत+होगा	किये	गया होगा	दबाये	रखा होगा	पिये	रहा होगा	पढ़े	चला होगा	खाये	डाला होगा
तिर्यक् आकृदंत	नाकृदंत+है	किये	जाना है	दबाये	रखना है	पिये	रहना है	पढ़े	चलना है	खाये	डालना है
तिर्यक् आकृदंत	नाकृदंत+था	किये	जाना था	दबाये	रखना था	पिये	रहना था	पढ़े	चलना था	खाये	डालना था
तिर्यक् आकृदंत	नाकृदंत+हो	किये	जाना हो	दबाये	रखना हो	पिये	रहना हो	पढ़े	चलना हो	खाये	डालना हो
तिर्यक् आकृदंत	नाकृदंत+होगा	किये	जाना होगा	दबाये	रखना होगा	पिये	रहना होगा	पढ़े	चलना होगा	खाये	डालना होगा
तिर्यक् आकृदंत	इएकृदंत+है	×	×	×	×	×	×	×	×	×	×
तिर्यक् आकृदंत	इएकृदंत+था	×	×	×	×	×	×	×	×	×	×
तिर्यक् आकृदंत	इएकृदंत+हो	×	×	×	×	×	×	×	×	×	×
तिर्यक् आकृदंत	इएकृदंत+होगा	×	×	×	×	×	×	×	×	×	×

3.21 : मुख्य क्रिया का आकृदंत क्रियारूप अविकारी या तिर्यक् हो तो वह लिंग-वचन की कोटियों में भी यथारूप रहता है जबकि संयोज्य क्रिया तथा सहायक क्रिया के क्रियारूपों में यथानियम परिवर्तन होता है—

तालिका : 53

'आना' मुख्य क्रिया का अविकारी आकृदंत रूप	'करना' संयोज्य क्रिया के आधारभूत क्रियारूप	पुंलिंग एकवचन प्रथम कोटि	स्त्रीलिंग एकवचन द्वितीय कोटि	पुंलिंग बहुवचन तृतीय कोटि	स्त्रीलिंग बहुवचन चतुर्थ कोटि
आया	क्रियामूल (धातु)	आया कर	आया कर	—	—
आया	ताकृदंत	आया करता	आया करती	आया करते	आया करतीं
आया	आकृदंत	आया किया	आया की	आया किये	आया कीं
आया	नाकृदंत	आया करना	आया करना	आया करना	आया करना
आया	एककृदंत	आया करे	आया करे	आया करें	आया करें
आया	एगाकृदंत	आया करेगा	आया करेगी	आया करेंगे	आया करेंगी
आया	इएकृदंत	—	—	आया कीजिए	आया कीजिए
आया	इएगाकृदंत	—	—	आया कीजिएगा	आया कीजिएगा
आया	ताकृदंत+है	आया करता है	आया करती है	आया करते हैं	आया करती हैं
आया	ताकृदंत+था	आया करता था	आया करती थी	आया करते थे	आया करती थीं
आया	ताकृदंत+हो	आया करता हो	आया करती हो	आया करते हों	आया करती हों
आया	ताकृदंत+होगा	आया करता होगा	आया करती होगी	आया करते होंगे	आया करती होंगी
आया	आकृदंत+है	आया किया है	आया की है	आया किये हैं	आया की हैं
आया	आकृदंत+था	आया किया था	आया की थी	आया किये थे	आया की थीं
आया	आकृदंत+हो	आया किया हो	आया की हो	आया किये हों	आया की हों
आया	आकृदंत+होगा	आया किया होगा	आया की होगी	आया किये होंगे	आया की होंगी
आया	नाकृदंत+है*	खरीदा करना है	खरीदा करनी है	खरीदा करने हैं	खरीदा करनी हैं
आया	नाकृदंत+था	खरीदा करना था	खरीदा करनी थी	खरीदा करने थे	खरीदा करनी थीं
आया	नाकृदंत+हो	खरीदा करना हो	खरीदा करनी हो	खरीदा करने हों	खरीदा करनी हों
आया	नाकृदंत+होगा	खरीदा करना होगा	खरीदा करनी होगी	खरीदा करने होंगे	खरीदा करनी होंगी

3.22 : संयोज्य क्रिया पड़ना, रहना, होना तथा द्विपदीय इएकृदंत क्रियारूपों के साथ मुख्य क्रिया का सकर्मक नाकृदंत क्रियारूप विकारी रहता है।

* ऐसे अवसरों पर यदि मुख्य क्रिया अकर्मक क्रियारूप होती है तो प्रथम कोटि का क्रियापद ही प्रयुक्त होता है अन्य कोटियों के नहीं। परंतु सकर्मक मुख्य क्रिया का रूप हो तो परसर्गरहित कर्म के लिंग-वचन के अनुरूप क्रियापदों में विकार होगा।

तालिका : 54

मुख्य क्रिया का क्रियारूप नाकृदंत	संयोज्य क्रिया के विकारी आधारभूत क्रियारूप	मुख्य क्रिया का नाकृदंत क्रियारूप संयोज्य क्रिया 'पड़ना' क्रियारूप	मुख्य क्रिया का क्रियारूप नाकृदंत संयोज्य क्रिया 'होना'	मुख्य क्रिया का नाकृदंत क्रियारूप संयोज्य क्रिया 'रहना'
नाकृदंत	ताकृदंत	खरीदना पड़ता	बेचना होता	लाना रहता
नाकृदंत	आकृदंत	खरीदना पड़ा	बेचना हुआ	लाना रहा
नाकृदंत	नाकृदंत	खरीदना पड़ना	बेचना होना	लाना रहना
नाकृदंत	एगाकृदंत	खरीदना पड़ेगा	बेचना होगा	लाना रहेगा
नाकृदंत	ताकृदंत+है	खरीदना पड़ता है	बेचना होता है	लाना रहता है
नाकृदंत	ताकृदंत+था	खरीदना पड़ता था	बेचना होता था	लाना रहता था
नाकृदंत	ताकृदंत+हो	खरीदना पड़ता हो	बेचना होता हो	लाना रहता हो
नाकृदंत	ताकृदंत+होगा	खरीदना पड़ता होगा	बेचना होता होगा	लाना रहता होगा
नाकृदंत	आकृदंत+है	खरीदना पड़ा है	बेचना हुआ है	लाना रहा है
नाकृदंत	आकृदंत+था	खरीदना पड़ा था	बेचना हुआ था	लाना रहा था
नाकृदंत	आकृदंत+हो	खरीदना पड़ा हो	बेचना हुआ हो	लाना रहा हो
नाकृदंत	आकृदंत+होगा	खरीदना पड़ा होगा	बेचना हुआ होगा	लाना रहा होगा
नाकृदंत	नाकृदंत+है	खरीदना पड़ना है×	बेचना होना है×	लाना रहना है×
नाकृदंत	नाकृदंत+था	खरीदना पड़ना था×	बेचना होना था×	लाना रहना था×
नाकृदंत	नाकृदंत+हो	खरीदना पड़ना हो×	बेचना होना हो×	लाना रहना हो×
नाकृदंत	नाकृदंत+होगा	खरीदना पड़ना होगा×	बेचना होना होगा×	लाना रहना होगा×
नाकृदंत	इएकृदंत+है	खरीदना चाहिए है	बेचना चाहिए है	लाना चाहिए है
नाकृदंत	इएकृदंत+था	खरीदना चाहिए था	बेचना चाहिए था	लाना चाहिए था
नाकृदंत	इएकृदंत+हो	खरीदना चाहिए हो	बेचना चाहिए हो	लाना चाहिए हो
नाकृदंत	इएकृदंत+होगा	खरीदना चाहिए होगा	बेचना चाहिए होगा	लाना चाहिए होगा

अन्य कोटियों के क्रियापदों की रूप-रचना के कुछ उदाहरण—

* मुख्य क्रिया नाकृदंत होती है तो अनेक तारांकित (×) क्रियापदों का प्रयोग अटपटा होने के कारण नहीं होता।

तालिका : 55

प्रथम कोटि के क्रियापद	द्वितीय कोटि के क्रियापद	तृतीय कोटि के क्रियापद	चतुर्थ कोटि के क्रियापद
खरीदना पड़ता है	खरीदनी पड़ती है	खरीदने पड़ते हैं	खरीदनी पड़ती हैं
खरीदना होता था	खरीदनी होती थी	खरीदने होते थे	खरीदनी होती थीं
खरीदना रहता हो	खरीदनी रहती हो	खरीदने रहते हों	खरीदनी रहती हों
खरीदना पड़ा है	खरीदनी पड़ी है	खरीदने पड़े हैं	खरीदनी पड़ी हैं
×खरीदना हुआ था	खरीदनी हुई थी	खरीदने हुए थे	खरीदनी हुई थीं
खरीदना रहता हो	खरीदनी रहती हो	खरीदने रहते हों	खरीदनी रहती हों
बेचना पड़ता है	बेचनी पड़ती है	बेचने पड़ते हैं	बेचनी पड़ती हैं
बेचना होता था	बेचनी होती थी	बेचने होते थे	बेचनी होती थीं
बेचना रहता हो	बेचनी रहती हो	बेचने रहते हों	बेचनी रहती हों
बेचना पड़ा है	बेचनी पड़ी है	बेचने पड़ते हैं	बेचनी पड़ती हैं
बेचना हुआ था	बेचनी हुई थी	बेचने हुए थे	बेचनी हुई थीं
बेचना रहा हो	बेचनी रही हो	बेचने रहे हों	बेचनी रही हों
बेचना चाहिए है	बेचनी चाहिए है	बेचने चाहिए हैं	बेचनी चाहिए हैं
बेचना चाहिए था	बेचनी चाहिए थी	बेचने चाहिए थे	बेचनी चाहिए थीं
बेचना चाहिए हो	बेचनी चाहिए हो	बेचने चाहिए हों	बेचनी चाहिए हों

तालिका : 56

मुख्य क्रिया नाकृदंत क्रियारूप	संयोज्य क्रिया के आधारभूत क्रियारूप	मुख्य क्रिया संयोज्य क्रिया 'आना' 'पड़ना' नाकृदंत के क्रियारूप रूप	मुख्य क्रिया संयोज्य 'खेलना' क्रिया नाकृदंत 'होना' के क्रियारूप रूप	मुख्य क्रिया संयोज्य 'जाना' क्रिया नाकृदंत के 'रहना' के रूप रूप
नाकृदंत	क्रियामूल	×	×	×
नाकृदंत	ताकृदंत	आना पड़ता	खेलना होता	जाना रहता
नाकृदंत	आकृदंत	आना पड़ा	खेलना हुआ	जाना रहा
नाकृदंत	नाकृदंत	आना पड़ना×	खेलना होना×	जाना रहना×
नाकृदंत	एकृदंत	आना पड़े	खेलना हो	जाना रहे
नाकृदंत	एगाकृदंत	आना पड़ेगा	खेलना होगा	जाना रहेगा
नाकृदंत	इएकृदंत	आना पड़िए×	खेलना होहिए×	जाना रहिए×
नाकृदंत	इएगाकृदंत	आना पड़िएगा×	खेलना होइएगा	जाना रहिएगा
नाकृदंत	ताकृदंत+है	आना पड़ता है	खेलना होता है×	जाना रहता है×
नाकृदंत	ताकृदंत+था	आना पड़ता था	खेलना होता था	जाना रहता था
नाकृदंत	ताकृदंत+हो	आना पड़ता हो	खेलना होता हो	खेलना रहता हो
नाकृदंत	ताकृदंत+होगा	आना पड़ता होगा	खेलना होता होगा	खेलना रहता होगा
नाकृदंत	आकृदंत+है	आना पड़ा है	खेलना हुआ है	जाना रहा है
नाकृदंत	आकृदंत+था	आना पड़ा था	खेलना हुआ था	जाना रहा था
नाकृदंत	आकृदंत+हो	आना पड़ा हो	खेलना हुआ हो	जाना रहा हो
नाकृदंत	आकृदंत+होगा	आना पड़ा होगा	खेलना हुआ होगा	जाना रहा होगा
नाकृदंत	नाकृदंत+है	आना पड़ना है×	खेलना होना है×	जाना रहना है×
नाकृदंत	नाकृदंत+था	आना पड़ना था×	खेलना होना था×	जाना रहना था×
नाकृदंत	नाकृदंत+हो	आना पड़ना हो×	खेलना होना हो×	जाना रहना हो×
नाकृदंत	नाकृदंत+होगा	आना पड़ना होगा×	खेलना होना होगा×	जाना रहना होगा×
नाकृदंत	इएकृदंत+है	आना चाहिए है	खेलना चाहिए है	जाना चाहिए है
नाकृदंत	इएकृदंत+था	आना चाहिए था	खेलना चाहिए था	जाना चाहिए था
नाकृदंत	इएकृदंत+हो	आना चाहिए हो	खेलना चाहिए हो	जाना चाहिए हो
नाकृदंत	इएकृदंत+होगा	आना चाहिए होगा	खेलना चाहिए होगा	जाना चाहिए होगा

यहाँ पाठकों से नाकृदंत के प्रयोग के संबंध में सावधानी की अपेक्षा है। नाकृदंत क्रियारूप भी है और क्रियार्थक संज्ञा भी; जैसे—

वह पुस्तक चाहता है। वह पुस्तक चाहती है।
वह जाना चाहता है। वह जाना चाहती है।
लड़के ने जाना चाहा। लड़की ने जाना चाहा।

× अटपटे होने के कारण तारांकित प्रयोग प्रशस्त नहीं।

'चाहना' सकर्मक क्रिया है। जिस प्रकार 'पुस्तक' कर्म है, उसी प्रकार 'जाना' भी कर्म है। 'पुस्तक' और 'जाना' दोनों संज्ञावत् प्रयुक्त हुए हैं।

अब इस वाक्य को देखें—

राम पुस्तक खरीदना चाहता है।

सिद्धांततः 'चाहता है' यहाँ क्रियापद है और 'पुस्तक खरीदना' पदबंध कर्म है। परंतु प्रयोग में देखने को प्रायः मिलता है कि लोग 'खरीदना चाहता है' पदबंध को संयुक्त क्रिया 'खरीदना चाहना' की रूप-रचना मानकर स्त्रीवाची रूप करते हैं—

सीता पुस्तक खरीदनी चाहती है।

जो सही रूप-रचना नहीं। होना चाहिए—

सीता पुस्तक खरीदना चाहती है।

'पुस्तक खरीदना' संज्ञापदबंध है इसलिए उसमें परिवर्तन की आवश्यकता नहीं। 'खरीदना' में परिवर्तन तो तब होता जब उसे क्रियारूप मानते।

इसी प्रकार होना तो चाहिए—

लड़के पुस्तकें खरीदना चाहते हैं।
लड़कियाँ पुस्तकें खरीदना चाहती हैं।

परंतु प्रायः निम्नलिखित वाक्य देखने में आते हैं—

लड़के पुस्तकें खरीदनी चाहते हैं।
लड़कियाँ पुस्तकें खरीदनी चाहती हैं।

इसी प्रकार होना तो चाहिए—

सीता ने पुस्तक खरीदना चाहा।

परंतु देखने को मिलता है—

सीता ने पुस्तक खरीदनी चाही।

अब दो स्थितियाँ हमारे सामने हैं : पहली यही कि ऐसे प्रयोगों से बचना चाहिए। दूसरी यह कि प्रचलन में अपनी जगह बना लेनेवाले प्रयोगों को स्वीकार किया जाए।

3.23 : संयोज्य क्रिया आना, जाना, देना या लगना हो तो मुख्य क्रिया तिर्यक् नाकृदंत रूप में रहती है।

मुख्य क्रिया—पढ़ना, तिर्यक् नाकृदंत क्रियारूप—पढ़ने।

—खेलना, तिर्यक् नाकृदंत क्रियारूप—खेलने।

संयोज्य क्रिया—(i) देना (ii) आना; (iii) लगना

तालिका : 57

मुख्य क्रिया तिर्यक् नाकृदंत	संयोज्य क्रिया के आधारभूत रूप	संयोज्य क्रिया 'देना' के आधारभूत रूप	संयोज्य क्रिया 'आना' के आधारभूत रूप	संयोज्य क्रिया 'लगना' के आधारभूत रूप
तिर्यक् नाकृदंत	क्रियामूल (धातु)	पढ़ने दे	खेलने आ	पढ़ने लग
तिर्यक् नाकृदंत	ताकृदंत	पढ़ने देता	खेलने आता	पढ़ने लगता
तिर्यक् नाकृदंत	आकृदंत	पढ़ने दिया	खेलने आया	पढ़ने लगा
तिर्यक् नाकृदंत	नाकृदंत	पढ़ने देना	खेलने आना	पढ़ने लगना
तिर्यक् नाकृदंत	एकृदंत	पढ़ने दे	खेलने आए	पढ़ने लगे
तिर्यक् नाकृदंत	एगाकृदंत	पढ़ने देगा	खेलने आएगा	पढ़ने लगेगा
तिर्यक् नाकृदंत	इएकृदंत	पढ़ने दीजिए	खेलने आइए	पढ़ने लगिए
तिर्यक् नाकृदंत	इएगाकृदंत	पढ़ने दीजिएगा	खेलने आइएगा	पढ़ने लगिएगा
तिर्यक् नाकृदंत	ताकृदंत+है	पढ़ने देता है	खेलने आता है	पढ़ने लगता है
तिर्यक् नाकृदंत	ताकृदंत+था	पढ़ने देता था	खेलने आता था	पढ़ने लगता था
तिर्यक नाकृदंत	ताकृदंत+हो	पढ़ने देता हो	खेलने आता हो	पढ़ने लगता हो
तिर्यक् नाकृदंत	ताकृदंत+होगा	पढ़ने देता होगा	खेलने आता होगा	पढ़ने लगता होगा
तिर्यक् नाकृदंत	आकृदंत+है	पढ़ने दिया है	खेलने आया है	पढ़ने लगा है
तिर्यक् नाकृदंत	आकृदंत+था	पढ़ने दिया था	खेलने आया था	पढ़ने लगा था
तिर्यक् नाकृदंत	आकृदंत+हो	पढ़ने दिया हो	खेलन आया हो	पढ़ने लगा हो
तिर्यक् नाकृदंत	आकृदंत+होगा	पढ़ने दिया होगा	खेलने आया होगा	पढ़ने लगा होगा
तिर्यक् नाकृदंत	नाकृदंत+है	पढ़ने देना है	खेलने आना है	पढ़ने लगना है
तिर्यक् नाकृदंत	नाकृदंत+था	पढ़ने देना था	खेलने आना था	पढ़ने लगता था
तिर्यक् नाकृदंत	नाकृदंत+हो	पढ़ने देना हो	खेलने आना हो	पढ़ने लगना हो
तिर्यक् नाकृदंत	नाकृदंत+होगा	पढ़ने देना होगा	खेलने आना होगा	पढ़ने लगना होगा

संयुक्त क्रियाओं के अब तक के विवरण को संक्षेप में इस प्रकार कह सकते हैं :

1. वे संयोज्य क्रियाएँ जिनके साथ मुख्य क्रिया क्रियामूल (धातु) के रूप में रहती है—

1. आना	5. जाना	9. पड़ना	13. रखना
2. उठना	6. डालना	10. पाना	14. लाना
3. चलना	7. देना	11. बैठना	15. लेना
4. चुकना	8. निकलना	12. मरना	16. सकना

सत्रहवीं संयोज्य क्रिया 'रहना' है जिसका मात्र 'रहा' आकृदंत ही मुख्य क्रिया के क्रियामूल (धातु) के साथ संयुक्त क्रियापदों की रचना करता है।

2. (i) वे संयोज्य क्रियाएँ जिनके साथ मुख्य क्रिया ताकृदंत क्रियारूप में रहती है—

1. आना	4. रहना
2. चलना	5. होना
3. जाना	

(ii) संयोज्य क्रिया 'करना' और 'रखना' के साथ मुख्य क्रिया के रूप में 'चलना' का ताकृदंत 'चलता' अविकारी रूप में आता है।

(iii) संयोज्य क्रिया 'बनना' के साथ (क) मुख्य क्रिया का ताकृदंत क्रियारूप तिर्यक् रहता है परंतु (ख) 'चल' क्रियामूल (धातु) का ताकृदंत 'चलता' विकारी क्रिया-रूप में रहता है अर्थात् लिंग-वचन की कोटि के अनुसार विकार प्राप्त करता है।

3. (i) वे संयोज्य क्रियाएँ जिनके साथ मुख्य क्रिया के रूप में आकृदंत क्रियारूप आता है—

1. आना	3. रहना
2. जाना	4. होना

(ii) संयोज्य क्रिया 'करना' के साथ मुख्य क्रिया का आकृदंत क्रियारूप अविकारी रूप में रहता है।

(iii) संयोज्य क्रिया चलना, जाना, डालना, रखना और रहना के साथ सकर्मक मुख्य क्रिया का आकृदंत तिर्यक् रूप में रहता है।

4. (i) वे संयोज्य क्रियाएँ जिनके साथ मुख्य क्रिया नाकृदंत क्रियारूप में रहती है—

चाहना (द्विपदीय इएकृदंत के साथ)	रहना
पड़ना	होना

(ii) संयोज्य क्रिया आना, देना तथा लगना के साथ मुख्य क्रिया का नाकृदंत क्रियारूप तिर्यक् रूप में रहता है।

3.21 : किन-किन संयोज्य क्रियाओं के साथ मुख्य क्रिया का एक से अधिक कौन-कौन-सा क्रियारूप प्रयुक्त होता है, इसका विवरण आगे दिया जा रहा है और साथ ही यह उल्लेख किया जा रहा है कि क्रियारूप विकारी रूप में प्रयुक्त हुआ है अथवा अविकारी या तिर्यक् रूप में।

तालिका : 58

संयोज्य क्रियाएँ	क्रियामूल	मुख्य क्रिया ताकृदंत क्रियारूप			मुख्य क्रिया आकृदंत क्रियारूप			मुख्य क्रिया नाकृदंत क्रियारूप			इएकृदंत	इएकृदंत (चाहिए)
	(धातु)	विकारी	अविकारी	तिर्यक्	विकारी	अविकारी	तिर्यक्	विकारी	अविकारी	तिर्यक्	विकारी	
1. आना	√	√	×	×	√	×	×	×	×	√	×	'चाहिए' संयोज्य क्रिया
2. उठना	√	×	×	×	×	×	×	×	×	×	×	के साथ
3. करना	×	×	√	×	×	√	×	×	×	×	×	मुख्य क्रिया
4. चलना	√	√	×	×	×	×	√	×	×	×	×	नाकृदंत क्रियारूप
5. चाहना	×	×	×	×	×	×	×	√	×	×	√	में आती है
6. चुकना	√	×	×	×	×	×	×	×	×	×	×	
7. जाना	√	√	×	×	√	×	√	×	×	×	×	
8. डालना	√	×	×	×	×	×	√	×	×	×	×	
9. देना	√	×	×	×	×	×	×	×	×	√	×	
10. निकलना	√	×	×	×	×	×	×	×	×	×	×	
11. पड़ना	√	×	×	×	×	×	×	×	×	×	×	
12. पाना	√	×	×	√	×	×	×	√	×	×	×	
13. बनना	×	×	×	×	×	×	×	×	×	×	×	
14. बैठना	√	×	×	×	×	×	×	×	×	×	×	
15. मरना	√	×	×	×	×	×	×	×	×	×	×	
16. रखना	√	×	√	×	×	×	√	×	×	×	×	
17. रहना	√	√	×	×	√	×	√	√	×	×	×	
18. लगना	×	×	×	×	×	×	×	×	×	√	×	
19. लाना	√	×	×	×	×	×	×	×	×	×	×	
20. लेना	√	×	×	×	×	×	×	×	×	×	×	
21. सकना	√	×	×	×	×	×	×	×	×	×	×	
22. होना	×	√	×	×	√	×	×	√	×	×	×	
	17	5	2	1	4	1	3	3	3			

जाना, आना, रहना, चलना, करना, देना और होना—ये सात ऐसी संयोज्य क्रियाएँ हैं जिनके साथ मुख्य क्रिया के एक से अधिक क्रियारूप प्रयुक्त होते हैं। इन सबके एक दृष्टि में विवरण दिये जा रहे हैं।

1. जाना

'जाना' संयोज्य क्रिया के साथ पाँच भिन्न-भिन्न क्रियारूप मुख्यक्रिया के रूप में प्रयुक्त होते हैं : 1. क्रियामूल (धातु) 2. ताकृदंत, 3. आकृदंत, 4. तिर्यक् आकृदंत, और 5. तिर्यक् नाकृदंत।

तालिका : 59

'जाना' संयोज्य क्रिया के आधारभूत रूप		मुख्य क्रिया क्रियामूल रूप में 'बैठ' (1)	मुख्य क्रिया ताकृदंत रूप में 'करता' (2)	मुख्य क्रिया आकृदंत रूप में 'चला' (3)	मुख्य क्रिया आकृदंत तिर्यक् रूप में 'खाये' (4)	मुख्य क्रिया नाकृदंत तिर्यक् रूप में 'खेलने' (5)
क्रियामूल (धातु) —	जा	बैठ जा	करता जा	चला जा	खाये जा	खेलने जा
ताकृदंत —	जाता	बैठ जाता	करता जाता	चला जाता	खाये जाता	खेलने जाता
आकृदंत —	गया	बैठ गया	करता गया	चला गया	खाये गया	खेलने गया
नाकृदंत —	जाना	बैठ जाना	करते जाना	चले जाना	खाये जाना	खेलने जाना
एकृदंत —	जाए	बैठ जाए	करता जाए	चला जाए	खाये जाए	खेलने जाए
एगाकृदंत —	जाएगा	बैठ जाएगा	करता जाएगा	चला जाएगा	खाये जाएगा	खेलने जाएगा
इएकृदंत —	जाइए	बैठ जाइए	करते जाइए	चले जाइए	खाये जाइए	खेलने जाइए
इएगाकृदंत —	जाइएगा	बैठ जाइएगा	करते जाइएगा	चले जाइएगा	खाये जाइएगा	खेलने जाइएगा
ताकृदंत+है —	जाता है	बैठ जाता है	करता जाता है	चला जाता है	खाये जाता है	खेलने जाता है
ताकृदंत+था —	जाता था	बैठ जाता था	करता जाता था	चला जाता था	खाये जाता था	खेलने जाता था
ताकृदंत+हो —	जाता हो	बैठ जाता हो	करता जाता हो	चला जाता हो	खाये जाता हो	खेलने जाता हो
ताकृदंत+होगा—	जाता होगा	बैठ जाता होगा	करता जाता होगा	चला जाता होगा	खाये जाता होगा	खेलने जाता होगा
आकृदंत+है —	गया है	बैठ गया है	करता गया है	चला गया है	खाये गया है	खेलने गया है
आकृदंत+था —	गया था	बैठ गया था	करता गया था	चला गया था	खाये गया था	खेलने गया था
आकृदंत+हो —	गया हो	बैठ गया हो	करता गया हो	चला गया हो	खाये गया हो	खेलने गया हो
आकृदंत+होगा —	गया होगा	बैठ गया होगा	करता गया होगा	चला गया होगा	खाये गया होगा	खेलने गया होगा
नाकृदंत+है —	जाना है	बैठ जाना है	करते जाना है	चले जाना है	खाये जाना है	खेलने जाना है
नाकृदंत+था —	जाना था	बैठ जाना था	करते जाना था	चले जाना था	खाये जाना था	खेलने जाना था
नाकृदंत+हो —	जाना हो	बैठ जाना हो	करते जाना हो	चले जाना हो	खाये जाना हो	खेलने जाना हो
नाकृदंत+होगा —	जाना होगा	बैठ जाना होगा	करते जाना होगा	चले जाना होगा	खाये जाना होगा	खेलने जाना होगा
इएकृदंत+है — इएकृदंत+था — इएकृदंत+हो — इएकृदंत+होगा		इएकृदंत के साथ संयोज्य क्रिया का प्रयोग नहीं होता } नियम (3.8)				

2. आना

'आना' संयोज्य क्रिया के साथ चार विभिन्न क्रियारूप मुख्य क्रिया के रूप में प्रयुक्त होते हैं— 1. क्रियामूल (धातु) 2. ताकृदंत, 3. आकृदंत, और 4. नाकृदंत।

तालिका : 60

संयोज्य क्रिया 'आना' के आधारभूत क्रियारूप		मुख्य क्रिया क्रियामूल रूप में 'देख' (1)	मुख्य क्रिया ताकृदंत रूप में 'चलता' (2)	मुख्य क्रिया आकृदंत रूप में 'चला' (3)	मुख्य क्रिया तिर्यक् नाकृदंत रूप में 'खेलने' (4)
क्रियामूल (धातु)	आ	देख आ	चलता आ	चला आ	खेलने आ
ताकृदंत	आता	देख आता	चलता आता	चला आता	खेलने आता
आकृदंत	आया	देख आया	चलता आया	चला आया	खेलने आया
नाकृदंत	आना	देख आना	चलते आना	चले आना	खेलने आना
एकृदंत	आए	देख आए	चलता आए	चला आए	खेलने आए
एगाकृदंत	आएगा	देख आएगा	चलता आएगा	चला आएगा	खेलने आएगा
इएकृदंत	आइए	देख आइए	चलते आइए	चले आइए	खेलने आइए
इएगाकृदंत	आइएगा	देख आइएगा	चलते आइएगा	चले आइए	खेलने आइएगा
ताकृदंत+है	आता है	देख आता है	चलता आता है	चला आता है	खेलने आता है
ताकृदंत+था	आता था	देख आता था	चलता आता था	चला आता था	खेलने आता था
ताकृदंत+हो	आता हो	देख आता हो	चलता आता हो	चला आता हो	खेलने आता हो
ताकृदंत+होगा	आता होगा	देख आता होगा	चलता आता होगा	चला आता होगा	खेलने आता होगा
आकृदंत+है	आया है	देख आया है	चलता आया है	चला आया है	खेलने आया है
आकृदंत+था	आया था	देख आया था	चलता आया था	चला आया था	खेलने आया था
आकृदंत+हो	आया हो	देख आया हो	चलता आया हो	चला आया हो	खेलने आया हो
आकृदंत+होगा	आया होगा	देख आया होगा	चलता आया होगा	चला आया होगा	खेलने आया होगा
नाकृदंत+है	आना है	देख आना है	चलते आना है	चले आना है	खेलने आना है
नाकृदंत+था	आना था	देख आना था	चलते आना था	चले आना था	खेलने आना था
नाकृदंत+हो	आना हो	देख आना हो	चलते आना हो	चले आना हो	खेलने आना हो
नाकृदंत+होगा	आना होगा	देख आना होगा	चलते आना होगा	चले आना होगा	खेलने आना होगा
इएकृदंत+है	चाहिए है	प्रयुक्त नहीं होते			
इएकृदंत+था	चाहिए था				
इएकृदंत+हो	चाहिए हो				
इएकृदंत+होगा	चाहिए होगा				

3. रहना

'रहना' संयोज्य क्रिया के साथ पाँच विभिन्न क्रियारूप मुख्य क्रिया की तरह प्रयुक्त होते हैं—
(i) क्रियामूल, (ii) ताकृदंत, (iii) आकृदंत, (iv) तिर्यक् आकृदंत, (v) नाकृदंत।

तालिका : 61

संयोज्य क्रिया 'रहना' के आधारभूत क्रियारूप		मुख्य क्रिया क्रियामूल रूप में 'आ' (1)	मुख्य क्रिया ताकृदंत रूप में 'आता' (2)	मुख्य क्रिया आकृदंत रूप में 'आया' (3)	मुख्य क्रिया तिर्यक् आकृदंत रूप में 'पिये' (4)	मुख्य क्रिया तिर्यक् नाकृदंत रूप में 'आना' (5)
क्रियामूल (धातु)	रह	आ रह	आता रह	आया रह×	पिये रह	आना रह×
ताकृदंत	रहता	आ रहता	आता रहता	आया रहता	पिये रहता	आना रहता
आकृदंत	रहा	आ रहा	आता रहा	आया रहा	पिये रहा	आना रहा
नाकृदंत	रहना	आ रहना	आते रहना	आये रहना	पिये रहना	आना रहना×
एकृदंत	रहे	आ रहे	आता रहे	आया रहे	पिये रहे	आना रहे
एगाकृदंत	रहेगा	आ रहेगा	आता रहेगा	आया रहेगा	पिये रहेगा	आना रहेगा
इएकृदंत	रहिए	आ रहिए	आते रहिए ×	आये रहिए×	पिये रहिए	आना रहिए×
इएगाकृदंत	रहिएगा	आ रहिएगा	आते रहिएगा ×	आये रहिएगा×	पिये रहिएगा	आना रहिएगा×
ताकृदंत+है	रहता है	आ रहता है	आया रहता है	आया रहता है	पिये रहता है	आना रहता है
ताकृदंत+था	रहता था	आ रहता था	आता रहता था	आया रहता था	पिये रहता था	आना रहता था
ताकृदंत+हो	रहता हो	आ रहता हो	आता रहता हो	आया रहता हो	पिये रहता हो	आना रहता हो
ताकृदंत+होगा	रहता होगा	आ रहता होगा	आता रहता होगा	आया रहता होगा	पिये रहता होगा	आना रहता होगा
आकृदंत+है	रहा है	आ रहा है	आता रहा है	आया रहा है	पिये रहा है	आना रहा है
आकृदंत+था	रहा था	आ रहा था	आता रहा था	आया रहा था	पिये रहा था	आना रहा था
आकृदंत+हो	रहा हो	आ रहा हो	आता रहा हो	आया रहा हो	पिये रहा हो	आना रहा हो
आकृदंत+होगा	रहा होगा	आ रहा होगा	आता रहा होगा	आया रहा होगा	पिये रहा होगा	आना रहा होगा
नाकृदंत+है	रहना है	आ रहना है	आते रहना है	आया रहना है	पिये रहना है	आना रहना है×
नाकृदंत+था	रहना था	आ रहना था	आते रहना था	आया रहना था	पिये रहना था	आना रहना था×
नाकृदंत+हो	रहना हो	आ रहना हो	आते रहना हो	आया रहना हो	पिये रहना हो	आना रहना हो×
नाकृदंत+होगा	रहना होगा	आ रहना होगा	आते रहना होगा	आया रहना होगा	पिये रहना होगा	आना रहना होगा×
इएकृदंत+है						आना चाहिए है
इएकृदंत+था						आना चाहिए था
इएकृदंत+हो						आना चाहिए हो
इएकृदंत+होगा						आना चाहिए होगा

4. चलना

'चलना' संयोज्य क्रिया के साथ मुख्य क्रिया के रूप में तीन विभिन्न क्रियारूप प्रयुक्त होते हैं— 1. क्रियामूल (धातु), 2. ताकृदंत और 3. तिर्यक् आकृदंत।

तालिका : 62

संयोज्य क्रिया 'चलना' के आधारभूत क्रियारूप	मुख्य क्रिया क्रियामूल (धातु) पढ़ (1)	मुख्य क्रिया ताकृदंत पढ़ता (2)	मुख्य क्रिया तिर्यक् आकृदंत खाये (3)
क्रियामूल (धातु)	पढ़ चल	पढ़ता चल	खाये चल
ताकृदंत	पढ़ चलता	पढ़ता चलता	खाये चलता
आकृदंत	पढ़ चला	पढ़ता चला	खाये चला
नाकृदंत	पढ़ चलना	पढ़ते चलना	खाये चलना
एकृदंत	पढ़ चले	पढ़ता चले	खाये चले
एगाकृदंत	पढ़ चलेगा	पढ़ता चलेगा	खाये चलेगा
इएकृदंत	पढ़ चलिए	पढ़ते चलिए	खाये चलिए
इएगाकृदंत	पढ़ चलिएगा	पढ़ते चलिएगा	खाये चलिएगा
ताकृदंत + है	पढ़ चलता है	पढ़ता चलता है	खाये चलता है
ताकृदंत + था	पढ़ चलता था	पढ़ता चलता था	खाये चलता था
ताकृदंत + हो	पढ़ चलता हो	पढ़ता चलता हो	खाये चलता हो
ताकृदंत + होगा	पढ़ चलता होगा	पढ़ता चलता होगा	खाये चलता होगा
आकृदंत + है	पढ़ चला है	पढ़ता चला है	खाये चला है
आकृदंत + था	पढ़ चला था	पढ़ता चला था	खाये चला था
आकृदंत + हो	पढ़ चला हो	पढ़ता चला हो	खाये चला हो
आकृदंत + होगा	पढ़ चला होगा	पढ़ता चला होगा	खाये चला होगा
नाकृदंत + है	पढ़ चलना है	पढ़ते चलना है	खाये चलना है
नाकृदंत + था	पढ़ चलना था	पढ़ते चलना था	खाये चलना था
नाकृदंत + हो	पढ़ चलना हो	पढ़ते चलना हो	खाये चलना हो
नाकृदंत + होगा	पढ़ चलना होगा	पढ़ते चलना होगा	खाये चलना होगा

5. करना

'करना' संयोज्य क्रिया के साथ मुख्य क्रिया के दो विभिन्न क्रियारूप प्रयुक्त होते हैं—1. अविकारी ताकृदंत, और 2. अविकारी आकृदंत।

तालिका : 63

संयोज्य क्रिया 'करना' के आधारभूत क्रियारूप	मुख्य क्रिया अविकारी ताकृदंत 'चलता' (1)	मुख्य क्रिया अविकारी आकृदंत 'देखा' (2)
क्रियामूल (धातु)—कर	चलता कर	देखा कर
ताकृदंत—करता	चलता करता	देखा करता
आकृदंत—किया	चलता किया	देखा किया
नाकृदंत—करना	चलता करना	देखा करना
एकृदंत—करे	चलता करे	देखा करे
एगाकृदंत—करेगा	चलता करेगा	देखा करेगा
इएकृदंत—कीजिए	चलता करिए	देखा करिए
इएगाकृदंत—कीजिएगा	चलता करिएगा	देखा करिएगा
ताकृदंत+है—करता है	चलता करता है	देखा करता है
ताकृदंत+था—करता था	चलता करता था	देखा करता था
ताकृदंत+हो—करता हो	चलता करता हो	देखा करता हो
ताकृदंत+होगा—करता होगा	चलता करता होगा	देखा करता होगा
आकृदंत+है—किया है	चलता किया है	देखा किया है
आकृदंत+था—किया था	चलता किया था	देखा किया था
आकृदंत+हो—किया हो	चलता किया हो	देखा किया हो
आकृदंत+होगा—किया होगा	चलता किया होगा	देखा किया होगा
नाकृदंत+है—करना है	चलता करना है	देखा करना है
नाकृदंत+था—करना था	चलता करना था	देखा करना था
नाकृदंत+हो—करना हो	चलता करना हो	देखा करना हो
नाकृदंत+होगा—करना होगा	चलता करना होगा	देखा करना होगा

6. देना

'देना' संयोज्य क्रिया के साथ मुख्य क्रिया के दो विभिन्न क्रियारूप प्रयुक्त होते हैं— 1. क्रियामूल (धातु) और 2. तिर्यक् नाकृदंत।

तालिका : 64

संयोज्य क्रिया 'देना' के आधारभूत क्रियारूप	मुख्य क्रिया क्रियामूल (धातु) ला (1)	मुख्य क्रिया तिर्यक् नाकृदंत खेलने (2)
क्रियामूल (धातु)—दे	ला दे	खेलने दे
ताकृदंत—देता	ला देता	खेलने देता
आकृदंत—दिया	ला दिया	खेलने दिया
नाकृदंत—देना	ला देना	खेलने देना
एकृदंत—दे	ला दे	खेलने दे
एगाकृदंत—देगा	ला देगा	खेलने देगा
इएकृदंत—दीजिए	ला दीजिए	खेलने दीजिए
इएगाकृदंत—दीजिएगा	ला दीजिएगा	खेलने दीजिएगा
ताकृदंत+है—देता है	ला देता है	खेलने देता है
ताकृदंत+था—देना था	ला देता था	खेलने देता था
ताकृदंत+हो—देना हो	ला देता हो	खेलने देता हो
ताकृदंत+होगा—देना होगा	ला देता होगा	खेलने देता होगा
आकृदंत+है—दिया है	ला दिया है	खेलने दिया है
आकृदंत+था—दिया था	ला दिया था	खेलने दिया था
आकृदंत+हो—दिया हो	ला दिया हो	खेलने दिया हो
आकृदंत+होगा—दिया होगा	ला दिया होगा	खेलने दिया होगा
नाकृदंत+है—देना है	ला देना है	खेलने देना है
नाकृदंत+था—देना था	ला देना था	खेलने देना था
नाकृदंत+हो—देना हो	ला देना हो	खेलने देना हो
नाकृदंत+होगा—देना होगा	ला देना होगा	खेलने देना होगा

7. होना

'होना' संयोज्य क्रिया के साथ मुख्य क्रिया के तीन विभिन्न क्रियारूप प्रयुक्त होते हैं—1. ताकृदंत, 2. आकृदंत और 3. नाकृदंत।

तालिका : 65

संयोज्य क्रिया 'होना' के आधारभूत क्रियारूप	मुख्य क्रिया ताकृदंत 'खेलता' (1)	मुख्य क्रिया आकृदंत 'आया' (2)	मुख्य क्रिया नाकृदंत 'आना' (3)
क्रियामूल (धातु)—हो	खेलता हो ×	आया हो ×	आना हो ×
ताकृदंत—होता	खेलता होता	आया होता	आना होता
आकृदंत—हुआ	खेलता हुआ	आया हुआ	आना हुआ
नाकृदंत—होना	खेलते होना	आये होना	आना होना
एकृदंत—हो	खेलता हो	आया हो	आना हो
एगाकृदंत—होगा	खेलता होगा	आया होगा	आना होगा
इएकृदंत—होइए	खेलते होइए	आया होइए	आना होइए
इएगाकृदंत—होइएगा	खेलते होइएगा	आया होइएगा	आना होइएगा
ताकृदंत+है—होता है	खेलता होता है	आया होता है	आना होता है
ताकृदंत+था—होता था	खेलता होता था	आया होता था	आना होता था
ताकृदंत+हो—होता हो	खेलता होता हो	आया होता हो	आना होता हो
ताकृदंत+होगा—होता होगा	खेलता होता होगा	आया होता होगा	आना होता होगा
आकृदंत+है—हुआ है	खेला हुआ है	आया हुआ है	आना हुआ है
आकृदंत+था—हुआ था	खेला हुआ था	आया हुआ था	आना हुआ था
आकृदंत+हो—हुआ हो	खेला हुआ हो	आया हुआ हो	आना हुआ हो
आकृदंत+होगा—हुआ होगा	खेला हुआ होगा	आया हुआ होगा	आना हुआ होगा
नाकृदंत+है—होना है	खेलते होना है	आया होना है	आना होना है×
नाकृदंत+था—होना था	खेलते होना था	आया होना था	आना होना था×
नाकृदंत+हो—होना हो	खेलते होना हो	आया होना हो	आना होना हो×
नाकृदंत+होगा—होना होगा	खेलते होना होगा	आया होना होगा	आना होना होगा×
इएकृदंत+है	प्रयुक्त नहीं	प्रयुक्त नहीं	आना चाहिए है
इएकृदंत+था	प्रयुक्त नहीं	प्रयुक्त नहीं	आना चाहिए था
इएकृदंत+हो	प्रयुक्त नहीं	प्रयुक्त नहीं	आना चाहिए हो
इएकृदंत+होगा	प्रयुक्त नहीं	प्रयुक्त नहीं	आना चाहिए होगा

× प्रशस्त नहीं।

कर्ता-अनुगामी तथा कर्मादि-अनुगामी संयुक्त क्रियापद

आधारभूत क्रियापदों के दो भेदों से हम परिचित हैं—अविकारी और विकारी। आधारभूत चारों अविकारी क्रियापद—क्रियामूल (धातु), एकपदीय नाकृदंत, एकपदीय इएकृदंत और एकपदीय इएगाकृदंत—कर्ता-अनुगामी हैं, एकपदीय और द्विपदीय ताकृदंत एकृदंत तथा एगाकृदंत भी कर्ता-अनुगामी क्रियापद हैं तथा अकर्मक क्रियामूल से बने आकृदंत क्रियापद भी कर्ता अनुगामी हैं। विगत प्रकरण में इस संबंध में प्रकाश डाला जा चुका है।

(क) कर्ता-अनुगामी संयुक्त क्रियापद—

3.24 : संयोज्य क्रिया का क्रियारूप अविकारी आधारभूत रूप में हो तो संयुक्त क्रियापद कर्ता-अनुगामी होता है।

अविकारी आधारभूत क्रियापद के रूप में (i) क्रियामूल, (ii) एकपदीय नाकृदंत, (iii) एकपदीय इएकृदंत तथा (iv) एकपदीय इएगाकृदंत प्रयुक्त होते हैं। संयुक्त क्रियापद की संयोज्य क्रिया का क्रियारूप इन चारों रूपों में कोई हो तो संयुक्त क्रियापद कर्ता-अनुगामी होता है।

तालिका : 66

कर्तापद (सर्वनाम)	अविकारी आधारभूत क्रियापद	अविकारी मुख्य क्रिया का क्रियारूप	आधारभूत क्रियारूप में संयोज्य क्रिया
	(i) क्रियामूल	**(i) क्रियामूल**	
तू	जा	दे	जा
तू	ले	पढ़	ले
तू	दे	कर	दे
तू	डाल	देख	डाल
तू	रख	ले	रख
	(ii) एकपदीय नाकृदंत	**(ii) एकपदीय नाकृदंत**	
तुम/तू/आप	आना	खा	आना
तुम/तू/आप	जाना	सो	जाना
तुम/तू/आप	लेना	पढ़	लेना
तुम/तू/आप	बैठना	सोच	बैठना
तुम/तू/आप	रखना	देख	रखना
	(iii) एकपदीय इएकृदंत	**(iii) एकपदीय इएकृदंत**	
आप	जाइए	आ	जाइए
आप	लीजिए	खा	लीजिए
आप	दीजिए	बता	दीजिए
आप	डालिए	कर	डालिए

(क्रमशः)

	(iv) एकपदीय इएगाकृदंत	(iv) एकपदीय एगाकृदंत	
आप	जाइएगा	आ	जाइएगा
आप	लीजिएगा	पी	लीजिएगा
आप	दीजिएगा	भेज	दीजिएगा
आप	डालिएगा	पढ़	डालिएगा

3.25 : संयोज्य क्रिया का क्रियारूप अविकारी आधारभूत हो तो मुख्य क्रिया के रूप में प्रयुक्त ताकृदंत तथा आकृदंत क्रियारूपों पर कर्तापद के लिंग-वचन का प्रभाव पड़ता है अर्थात् क्रियापद कर्ता-अनुगामी होता है।

तालिका : 67

तू (राम) करता आ	तू (सीता) करती आ
तुम (राम) करते आना	तुम (सीता) करती आना
आप (राम) करते जाइए	आप (सीता) करती जाइए
आप (राम) बढ़ते चलिएगा	आप (सीता) बढ़ती चलिएगा
तू (राम) चला जा	तू (सीता) चली जा
तुम (राम) चले जाना	तुम (सीता) चली जाना
आप (राम) चले जाइए	आप (सीता) चली जाइए
आप (राम) चले जाइएगा	आप (सीता) चली जाइएगा

'तू' एकवचन सर्वनाम है और 'तुम' तथा 'आप' बहुवचन सर्वनाम हैं।

3.26 : संयोज्य क्रिया के क्रियारूप एकपदीय या द्विपदीय विकारी ताकृदंत, एकृदंत अथवा एगाकृदंत आधारभूत क्रियापद हो और मुख्य क्रिया का क्रियारूप क्रियामूल (धातु) हो तो क्रियापद कर्ता-अनुगामी होता है—

तालिका : 68

लड़का (कर्तापद-पुंलिंग-एकवचन)	लड़का (कर्तापद-पुंलिंग-एकवचन)	लड़का (कर्तापद-पुंलिंग-एकवचन)
आ जाता	खा जाता	पी लेता
आ जाता है	खा जाता है	पी लेता है
आ जाता था	खा जाता था	पी लेता था
आ जाता हो	खा जाता हो	पी लेता हो
आ जाता होगा	खा जाता होगा	पी लेता होगा
आ जाए	खा जाए	पी ले
आ जाएगा	खा जाएगा	पी लेगा

'ताकृदंत है' द्विपदीय क्रियापद आधारभूत क्रियापदों की सूची में विकारी है—

लड़का आ जाता है।	लड़की आ जाती है।
लड़के आ जाते हैं।	लड़कियाँ आ जाती हैं।
लड़का आ जाए।	लड़की आ जाए।
लड़के आ जाएँ।	लड़की आ जाएगी।
लड़के आ जाएँगे।	लड़कियाँ आ जाएँगी।

यथानियम इनके उत्तम पुरुष पुंलिंग-एकवचन रूप, उत्तम पुरुष स्त्रीलिंग-एकवचन रूप, मध्यम पुरुष पुंलिंग-बहुवचन रूप तथा मध्यम पुरुष स्त्रीलिंग-बहुवचन रूप बनेंगे—

वह आ जाता है।	वह आ जाती है।
मैं आ जाता हूँ।	मैं आ जाती हूँ।
मैं आ जाऊँ।	मैं आ जाऊँ।
मैं आ जाऊँगा।	मैं आ जाऊँगी।
वे आ जाते हैं।	वे आ जाती हैं।
तुम आ जाते हो।	तुम आ जाती हो।

3.27 : मुख्य क्रिया क्रियामूल (धातु) क्रियारूप हो और संयोज्य क्रिया एकपदीय या द्विपदीय अकर्मक आकृदंत क्रियारूप हो तो संयुक्त क्रियापद कर्ता-अनुगामी होता है।

लड़का आ गया।	लड़का बैठ गया।
लड़का देख आया है।	लड़का पढ़ आया था।
लड़का खा चुका हो।	लड़का पी चुका हो।
लड़का गिर पड़ा होगा।	लड़का चल पड़ा होगा।

आ, जा, चुक और पड़ क्रियामूल (धातु) अकर्मक क्रिया आना, जाना, चुकना तथा पड़ना के क्रियारूप हैं।

एकपदीय एवं द्विपदीय आकृदंत क्रियापद आधारभूत क्रियापदों की सूची में विकारी हैं। अन्य कोटियों के रूप भी सामान्य नियमों से बनते हैं।

3.28 : मुख्यक्रिया सकर्मक क्रियामूल क्रियारूप हो और संयोज्य क्रिया 'ला' सकर्मक क्रियामूल (धातु) का एकपदीय या द्विपदीय आकृदंत क्रियारूप हो तो संयुक्त क्रियापद कर्ता-अनुगामी होगा।

तालिका : 69

कर्तापद	**कर्मपद**		**कर्तापद**	**कर्मपद**	
लड़का	**चश्मा**		**लड़का**	**घड़ी**	
(लड़का)	(चश्मा)	खरीद लाया	(लड़का)	(घड़ी)	उठा लाया
		खरीद लाया है			उठा लाया है
		खरीद लाया था			उठा लाया था
		खरीद लाया हो			उठा लाया हो
		खरीद लाया होगा			उठा लाया होगा

अन्य कोटियों के क्रियारूप यथानियम बनेंगे। इस बात का ध्यान रखें कि जब कर्तापद परसर्ग से रहित हो तो क्रियापद उसी के लिंग-वचन का अनुगमन करेगा।

वह (राम) चश्मा खरीद लाया / लाया है / लाया था / लाया हो / लाया होगा

वह (राम) चश्मे खरीद लाया /.....है /.....था /.....हो /.....होगा

वह (राम) घड़ी खरीद लाया /.....है /.....था /.....हो /.....होगा

वह (राम) घड़ियाँ खरीद लाया /.....है /.....था /.....हो /.....होगा

वह (सीता) चश्मा खरीद लायी /.....है /.....थी /.....हो /.....होगी

वह (सीता) घड़ी खरीद लायी /.....है /.....थी /.....हो /.....होगी

वह (सीता) चश्मे खरीद लायी /.....है /.....थी /.....हो /.....होगा

वह (सीता) घड़ियाँ खरीद लायी /.....है /.....थी /.....हो /.....होगी

मैं (राम) .... खरीद लाया /.....हूँ /.....था /.....होऊँ /.....होऊँगा।

मैं (राम) .... खरीद लायी /.....हूँ /.....थी /.....होऊँ /.....होऊँगी।

तुम (मोहन) .... खरीद लाये /.....हो /.....थे /.....हो /.....होगे

तुम (राधा) .... खरीद लायी /.....हो /.....थी /.....हो /.....होगी

3.29 : मुख्य क्रिया ताकृदंत हो और संयोज्य क्रिया (क) एकपदीय या द्विपदीय ताकृदंत हो अथवा (ख) अकर्मक आकृदंत क्रियारूप हो तो क्रियापद कर्ता-अनुगामी होता है।

कर्तापद लड़का
पुंलिंग-एकवचन

(1)	(2)	(3)	(4)	(5)
आता	सोचता चलता	देखता जाता	पढ़ता रहता	करता होता
आता है	सोचता चलता है	देखता जाता है	पढ़ता रहता है	करता होता है
आता था	सोचता चलता था	देखता जाता था	पढ़ता रहता था	करता होता था
आता हो	सोचता चलता हो	देखता जाता हो	पढ़ता रहता हो	करता होता हो
आता होगा	सोचता चलता होगा	देखता जाता होगा	पढ़ता रहता होगा	करता होता होगा

3.30 : मुख्य क्रिया आकृदंत हो और संयोज्य क्रिया सकर्मक 'करना' का भी आकृदंत क्रियारूप हो तो क्रियापद कर्ता-अनुगामी होगा—

वह तमाशा देखा किया। वह वायुयान उड़ाया किया।

सामान्यत: आकृदंत 'किया' क्रियापद के रूप में प्रयुक्त होने पर कर्मादि-अनुगामी होता है, जैसे—

उसने कार्य किया। उसने नृत्य किया था।

उसने स्नान किया है। उसने गलती की थी।

	(कर्तापद) लड़का पुंलिंग एकवचन	(कर्तापद) लड़का पुंलिंग एकवचन
(कविता)	पढ़ता आया	चलता गया
	पढ़ता आया है	चलता गया है
	पढ़ता आया था	चलता गया था
	पढ़ता आया हो	चलता गया हो
	पढ़ता आया होगा	चलता गया होगा

3.31 : मुख्य क्रिया का क्रियारूप आकृदंत हो और संयोज्य क्रिया 'जाना' को छोड़कर किसी अन्य अकर्मक क्रिया का एकपदीय/द्विपदीय ताकृदंत या आकृदंत क्रियारूप हो तो क्रियापद कर्ता-अनुगामी होता है—

आना, रहना, होना, और चलना संयोज्य क्रियाएँ मुख्य क्रिया के आकृदंत क्रियारूप के साथ प्रयुक्त होती हैं। ['जाना' संयोज्य क्रिया संबंधी विवरण कर्मादि-अनुगामी आधारभूत क्रियापद में प्रस्तुत है।]

कर्तापद लड़का—

दौड़ा आता	दौड़ा आया	आया रहता	आया रहा	आया होता	आया हुआ×
दौड़ा आता है	दौड़ा आया है	आया रहता है	आया रहा है	आया होता है	आया हुआ है
दौड़ा आता था	दौड़ा आया था	आया रहता था	आया रहा था	आया होता था	आया हुआ था
दौड़ा आता हो	दौड़ा आया हो	आया रहता हो	आया रहा हो	आया होता हो	आया हुआ हो
दौड़ा आता होगा	दौड़ा आया होगा	आया रहता होगा	आया रहा होगा	आया होता होगा	आया हुआ होगा

[आना, रहना, होना आदि संयोज्य क्रियाओं के साथ मुख्य क्रिया के रूप में आकृदंत सामान्य अवस्था में अर्थात् विकारी रहता है। 'चलना' तथा 'रहना' संयोज्य क्रियाओं के साथ आकृदंत क्रियारूप तिर्यक् रहता है।]

उठाये चला	पकड़े रहा
उठाये चला है	पकड़े रहा है
उठाये चला था	पकड़े रहा था
उठाये चला हो	पकड़े रहा हो
उठाये चला होगा	पकड़े रहा होगा

3.32 : संयुक्त क्रियापद की मुख्य क्रिया का क्रियारूप तिर्यक् नाकृदंत हो और संयोज्य क्रिया का क्रियारूप एकपदीय/द्विपदीय ताकृदंत, अकर्मक आकृदंत, एकृदंत अथवा एगाकृदंत हो तो क्रियापद कर्ता-अनुगामी होता है।

कर्ता—लड़का पुंलिंग-एकवचन—

देखने आता	पढ़ने जाता	लिखने लगता
देखने आया	पढ़ने गया	लिखने लगा
देखने आए	पढ़ने जाए	लिखने लगे
देखने आएगा	पढ़ने जाएगा	लिखने लगेगा

× प्रशस्त नहीं।

देखने आता है	पढ़ने जाता है	लिखने लगता है
देखने आता था	पढ़ने जाता था	लिखने लगता था
देखने आता हो	पढ़ने जाता हो	लिखने लगता हो
देखने आता होगा	पढ़ने जाता होगा	लिखने लगता होगा
देखने आया है	पढ़ने गया है	लिखने लगा है
देखने आया था	पढ़ने गया था	लिखने लगा था
देखने आया हो	पढ़ने गया हो	लिखने लगा हो
देखने आया होगा	पढ़ने गया होगा	लिखने लगा होगा

कर्मादि-अनुगामी संयुक्त क्रियापद—

3.33 : मुख्यक्रिया का क्रियारूप क्रियामूल (धातु) सकर्मक हो और संयोज्य क्रिया का क्रियारूप सकर्मक आकृदंत एकपदीय या द्विपदीय हो तो कर्तापद में 'ने' परसर्ग आता है।

कर्ता परसर्गयुक्त हो और कर्म परसर्गरहित तो क्रियापद कर्मादि-अनुगामी होता है। [देखें नियम (2.21)]

राम ने	चश्मा खरीद लिया।	राम ने	घड़ी खरीद ली।
सीता ने	चश्मा खरीद लिया है/था।	सीता ने	घड़ी खरीद ली है/थी।
लड़कों ने	चश्मा खरीद लिया हो/होगा।	लड़कों ने	घड़ी खरीद ली हो/होगी।
लड़कियों ने	चश्मा खरीद लिया हो/होगा।	लड़कियों ने	घड़ी खरीद ली हो/होगी।
राम ने	चश्मे खरीद लिये।	राम ने	घड़ियाँ खरीद लीं।
सीता ने	चश्मे खरीद लिये हैं/थे।	सीता ने	घड़ियाँ खरीद ली हैं/थीं।
लड़कों ने	चश्मे खरीद लिये हों/होंगे।	लड़कियों ने	घड़ियाँ खरीद ली हों/होंगी।

शेर ने हिरन को खा डाला / ...है / ...था / ...हो / ...होगा।
साँप ने न्योले को मार डाला / ...है / ...था / ...हो / ...होगा।
लड़के ने चश्मा लौटा दिया / ...है / ...था / ...हो / ...होगा।
सास ने बहू को सता रखा / ...है / ...था / ...हो / ...होगा।
वैद्य ने दवा बना रखी / ...है / ...थी / ...हो / ...होगी।

3.34 : सकर्मक क्रियामूल 'पा' से बना एकपदीय अथवा द्विपदीय आकृदंत आधारभूत क्रियापद कर्मादि-अनुगामी होता है परंतु जब संयोज्य क्रिया के रूप में प्रयुक्त हो तो क्रियापद कर्ता-अनुगामी होता है।

यहाँ ध्यान रखने की बात यह है कि जब 'पा' क्रियामूल एकपदीय या द्विपदीय आकृदंत क्रियापद होते हैं तो कर्तापद में 'ने' परसर्ग आता है और क्रियापद कर्मादि-अनुगामी होता है; जैसे—

लड़के ने सुख पाया।
लड़के ने सुख पाया है।
लड़के ने सुख पाया था।
लड़के ने सुख पाया हो।
लड़के ने सुख पाया होगा।

परंतु संयुक्त क्रियापद में 'पा' क्रियामूल का एकपदीय या द्विपदीय आकृदंत क्रियारूप संयोज्य क्रिया के रूप में हो तो कर्ता परसर्ग-रहित होता है और क्रियापद कर्ता-अनुगामी होता है—

लड़का काम कर पाया।	लड़की काम कर पायी।
लड़का सेब खा पाया है।	लड़की सेब खा पायी है।
लड़का पत्र लिख पाया था।	लड़की पत्र लिख पायी थी।
लड़का पुस्तक पढ़ पाया हो।	लड़की पुस्तक पढ़ पायी हो।
लड़का सफाई कर पाया होगा।	लड़की सफाई कर पायी होगी।
लड़का गीत गा पाया था।	लड़की गीत गा पायी थी।
लड़के गीत गा पाये थे।	लड़कियाँ गीत गा पायी थीं।

ध्यान रखने की बात यह है कि 'गा' क्रियामूल भी सकर्मक है। जब यह एकपदीय / द्विपदीय आधारभूत क्रियापद के रूप में प्रयुक्त होता है तो कर्तापद में 'ने' परसर्ग आता है—

लड़के ने गीत गाया।	लड़की ने गीत गाया।
लड़के ने गीत गाया है।	लड़की ने गीत गाया है।
लड़कों ने गीत गया था।	लड़कियों ने गीत गाया था।
लड़कियों ने गीत गाया हो।	लड़कियों ने गीत गाया हो।
लड़कियों ने गीत गाया होगा।	लड़कियों ने गीत गाया होगा।

परंतु जब 'पा' क्रियामूल का आकृदंत क्रियामूल 'गा' के साथ संयोज्य क्रिया के रूप में प्रयुक्त होता है तो क्रियापद कर्ता-अनुगामी होता है; जैसे—(क) लड़का गीत गा पाया था। (ख) लड़की गीत गा पायी थी।

3.35 : मुख्य क्रिया का क्रियारूप आकृदंत हो और संयोज्य क्रिया 'जा' क्रियामूल का क्रियारूप एकपदीय या द्विपदीय ताकृदंत या आकृदंत हो तो कर्तापद 'के द्वारा' अथवा 'से' परसर्ग से युक्त रखा जा सकता है।

[कर्तापद के परसर्गयुक्त रहने पर परसर्गरहित कर्मपद के लिंग-वचन का अनुगमन क्रियापद करता है और यदि कर्मपद न हो अथवा परसर्ग से युक्त हो तो क्रियापद पुंलिंग-एकवचन कोटि का अर्थात् आधारभूत पुंलिंग-एकवचन रहता है। नियम 2.22]

तालिका : 70

कर्तापद **लड़के से/के द्वारा; लड़कों से/के द्वारा** **लड़की से/के द्वारा; लड़कियों से/के द्वारा**		**क्रियापद—मुख्य क्रिया अकर्मक** **आकृदंत रूप तथा संयोज्य क्रिया जाना** **का आकृदंत क्रियारूप**	
आया जाता	खाया जाता	आया गया	खाया गया
आया जाता है	खाया जाता है	आया गया है	खाया गया है
आया जाता था	खाया जाता था	आया गया था	खाया गया था
आया जाता हो	खाया जाता हो	आया गया हो	खाया गया हो
आया जाता होगा	खाया जाता होगा	आया गया होगा	खाया गया होगा

तालिका : 71

कर्तापद	कर्मपद	कर्तापद	कर्मपद
लड़के से/लड़कों से लड़की से/लड़कियों से	केला (पुंलिंग एकवचन)	लड़के से/लड़की से लड़कों से/लड़कियों से	नाशपाती (स्त्रीलिंग-एकवचन)
खाया जाता है/था		खायी जाती है/थी	
खाया गया है/था		खायी गयी है/थी	
खाया गया हो/होगा		खायी गयी हो/होगी	
(कर्मपद केले—पुंलिंग-बहुवचन)		(कर्मपद नाशपातियाँ—स्त्रीलिंग-बहुवचन)	
खाये जाते हैं/थे		खायी जाती हैं/थीं	
खाये गये हैं/थे		खायी गयी हैं/थीं	
खाये जाते हों/होंगे		खायी जाती हों/होंगी	
खाये गये हों/होंगे		खायी गयी हों/होंगी	

उक्त संयुक्त क्रियापदों की यह भी विशेषता है कि कर्मपद होने पर से/के द्वारा युक्त कर्तापद का प्रायः प्रयोग नहीं किया जाता है; जैसे—आम खाये जाते हैं। पुस्तकें खरीदी गईं।

3.36: अकर्मक 'चलना' मुख्य क्रिया का क्रियारूप आकृदंत विकारी हो और संयोज्य क्रिया 'जाना' हो तो क्रियापद कर्मादि वर्ग के अंतर्गत आता है परंतु 'चला जाना' संयुक्त क्रिया भाववाच्य के अतिरिक्त कर्तृवाच्य में भी प्रयुक्त होती है।

तालिका : 72

मुख्य क्रिया-रूप विकारी आकृदंत 'चला'	संयोज्य क्रिया 'जाना' के आधारभूत विकारी क्रियारूप	भाववाच्य क्रियापद	कर्तृवाच्य क्रियापद
चला	जाता	उससे अब नहीं चला जाता।	वह दिल्ली चला जाता।
चला	गया	उससे नहीं चला गया।	वह अमरीका चला गया।
चला	जाए	कैसे चला जाए!	वह अभी चला जाए।
चला	जाएगा	क्यों चला जाएगा?	वह अवश्य चला जाएगा।
चला	जाता है/था/हो/होगा	उससे चला नहीं जाता है/था।	वह आराम से चला जाता है/था
चला	गया है/था...	उससे चला नहीं गया है/था।...	वह चला गया है/था।

3.37 : मुख्य क्रिया का क्रियारूप ताकृदंत या आकृदंत तिर्यक् हो और संयोज्य क्रिया 'बन' क्रियामूल का एकपदीय या द्विपदीय ताकृदंत या आकृदंत क्रियारूप हो तो कर्तापद में 'से' या 'के द्वारा' परसर्ग रहता है।

उससे	खेलते बनता	खेलते बनता है	खेलते बना है
मुझसे	खेलते बना	खेलते बनता था	खेलते बना था
उनसे	खेलते बने	खेलते बनता हो	खेलते बना हो
तुमसे	खेलते बनेगा	खेलते बनता होगा	खेलते बना होगा

3.38: मुख्य क्रिया अथवा संयोज्य क्रिया का क्रियारूप नाकृदंत हो तो कर्ता में 'को' परसर्ग आता है अत: क्रियापद कर्मादि-अनुगामी होता है—

(क) राम को चलते जाना है। — उसको पत्र लिख लेना है/था/हो/होगा
राम को चले जाना है। — उसको कविता लिख लेनी है/थी/हो/होगी
मोहन को पढ़ते रहना था। — राधा को चल देना है/था/हो/होगा
मोहन को लिखते रहना था। — राधा को पुस्तक खरीद लेनी है/थी/हो/होगी

(ख) लड़के को बीमार पड़ना रहा हो। — लड़के को कहीं जाना रहा होगा।
उसको पत्र पढ़ना रहता है। — उसको कविता पढ़नी रहती थी।
उसको पुस्तक पढ़नी रहती है। — उसको पुस्तकें पढ़नी रहेंगी।
राम को पुस्तकें पढ़ते रहना है/था/हो/होगा — उसको पुस्तकें लिखते रहना था।

3.39 : मुख्य क्रिया तिर्यक् नाकृदंत हो और संयोज्य क्रिया का क्रियारूप सकर्मक आकृदंत हो तो कर्ता 'ने' परसर्ग ग्रहण करेगा और क्रियापद कर्मादि-अनुगामी होगा—

राम ने आने दिया	(पत्र) पढ़ने दिया	(पुस्तक) पढ़ने दी
सीता ने आने दिया है	(पत्र) पढ़ने दिया है	(पुस्तक) पढ़ने दी है
लड़कों ने आने दिया था	(पत्र) पढ़ने दिया था	(पुस्तक) पढ़ने दी थी
लड़कियों ने आने दिया हो	(पत्र) पढ़ने दिया हो	(पुस्तक) पढ़ने दी हो
लोगों ने आने दिया होगा	(पत्र) पढ़ने दिया होगा	(पुस्तक) पढ़ने दी होगी

3.40 : द्विपदीय इएकृदंत जब संयोज्य क्रिया के रूप में हो तब मुख्य क्रिया का क्रियारूप विकारी नाकृदंत रहता है, कर्ता में 'को' परसर्ग रहता है तथा क्रियापद कर्मादि-अनुगामी रहता है।

राम को नया घर बनाना चाहिए है। — राम को मुझसे बात करनी चाहिए है।
सीता को खिचड़ी बनानी चाहिए थी। — सीता को दवा देनी चाहिए थी।
आपको पूरा खर्च लिखना चाहिए होगा। — उनको ताजी हवा खानी चाहिए होगी।

संयोज्य क्रिया 'रह' क्रियामूल (धातु) का क्रियारूप नाकृदंत हो तो मुख्य क्रिया का क्रियारूप ताकृदंत तिर्यक् रहता है; जैसे—उसे चलते रहना चाहिए था। (नियम 3.12)

नामबोधक संयुक्त क्रिया—'संयुक्त क्रिया' है तो वस्तुत: क्रियाओं का ही संयोजन परंतु वैयाकरणाचार्य पं. कामता प्रसाद गुरु ने ऐसे संयोजनों को भी संयुक्त क्रिया बल्कि नामबोधक संयुक्त क्रिया कहा है जिनका पूर्वपद क्रियारूप न होकर कोई नामपद होता है और दूसरा क्रियारूप नाकारांत क्रिया होता है, जैसे—स्वीकार करना, दान करना, प्रदान करना, शुरू करना, भस्म करना, भस्म होना, विदा होना आदि :

राम ने मेरा प्रणाम **स्वीकार किया।**
मोहन ने भूखंड **दान दिया।**
तुम काम **शुरू करो।**
राष्ट्रपति लेखकों को प्रशस्ति-पत्र **प्रदान करते हैं।**

माँ आज लड़की को **विदा करेगी।**

उक्त वाक्यों में आये स्वीकार, दान, शुरू, प्रदान और विदा नामपद क्रमशः किया, दिया, करो, करते हैं और करेगी क्रियारूपों के साथ मिलकर क्रियापद के रूप में इकाई की तरह प्रयुक्त हुए हैं। नामबोधक संयुक्त क्रिया की सबसे बड़ी पहचान यह है कि उसे इकाई मानकर ही वाक्य के कर्ता, कर्म आदि का निर्णय संभव होता है—

तालिका : 73

नामबोधक संयुक्त क्रियापद	कर्तृवाचक कृदंत	कर्मवाचक कृदंत
1. स्वीकार किया (स्वीकार करना)	स्वीकार करनेवाला —राम (ने)	स्वीकार किया जानेवाला —मेरा प्रणाम
2. दान दिया (दान देना)	दान देनेवाला —मोहन (ने)	दान दिया जानेवाला —भूखंड
3. प्रदान करते हैं (प्रदान करना)	प्रदान करनेवाला —राष्ट्रपति	प्रदान किया जानेवाला —प्रशस्ति-पत्र
4. विदा करेगी (विदा करना)	विदा करनेवाली —माँ	विदा की जानेवाली —लड़की (को)

अतः स्वीकार करना, दान देना, शुरू करना, प्रदान करना, विदा करना आदि नामबोधक संयुक्त क्रियाएँ हुईं।

ऐसे अनेक मुहावरे तथा विशिष्ट प्रयोग हैं जो नामपद और नाकारांत क्रिया के संयोग से बनते हैं, जैसे—दम घुटना, दम निकलना, विदा लेना, गरदन उतारना आदि। इन्हें संयुक्त क्रिया नहीं मानना चाहिए क्योंकि वाक्य में इनके नामपद का क्रिया से संयोजन नहीं होता। नामपद कर्ता या कर्म की तरह ही प्रयुक्त होते हैं: जैसे—

मेरा दम घुट रहा था।

'घुटना' अकर्मक क्रिया है। घुटनेवाला=दम। 'दम' कर्ता हुआ। 'कर्ता' संयुक्त क्रिया का अवयव नहीं होता।

उसका दम निकलता है।

'निकलना' भी अकर्मक क्रिया है। निकलनेवाला=दम। 'दम' कर्ता हुआ।

बेटी ने माँ से विदा ली।

'लेना' सकर्मक क्रिया है। लेनेवाली=बेटी (ने)। 'बेटी' कर्ता हुई। ली जानेवाली=विदा। 'विदा' कर्म हुआ। 'माँ से' करण कारक है। ध्यान दें कि 'विदा करना' तो संयुक्त क्रिया है पर 'विदा लेना' नहीं।

आतंकियों ने सैनिक की गरदन उतारी।

'उतारना' सकर्मक क्रिया है। उतारनेवाले—आतंकी। 'आतंकियों (ने) कर्ता पद हुआ। उतारी जानेवाली=गरदन। 'गरदन' कर्म हुई। कर्ता की भाँति कर्म भी क्रियापद का अवयव नहीं हुआ'

पिता ने बेटे को गले लगाया।

'गले लगानेवाला' पिता हुआ, गले लगाया जानेवाला बेटा हुआ। इस प्रकार 'पिता (ने)' को कर्तापद और 'बेटे (को)' को कर्मपद कहा जाएगा। अत: 'गले लगाना' नामबोधक संयुक्त क्रिया हुई। और यदि वाक्य का रूप होता—'पिता ने बेटे को गले से लगाया', तो 'गले से' करणकारक नामपद होता।

'गले लगाना' इस प्रकार नामबोधक संयुक्त क्रिया हुआ। नामबोधक संयुक्त क्रियाओं में नामपद के स्थान पर विशेषण या क्रियाविशेषण भी प्रयुक्त होते हैं, जैसे—प्रकट करना, प्रस्तुत करना, बाहर करना आदि।

मैं अपने विचार प्रकट करूँगा।

नामबोधक संयुक्त क्रिया=प्रकट करना

प्रकट करनेवाला=मैं (कर्ता), प्रकट किया जानेवाला=विचार (कर्म)।

मुम्बई ने दिल्ली को बाहर किया।

नामबोधक संयुक्त क्रिया=बाहर करना

बाहर करनेवाला=मुम्बई (कर्ता), बाहर किया जानेवाला=दिल्ली (कर्म)।

नामबोधक संयुक्त क्रिया की क्रिया संयोज्य क्रिया ही हो आवश्यक नहीं, जैसे—'गले लगाना' में लगाना।

राम ने हनुमान को गले लगाया।

गले लगानेवाला=राम (कर्ता), गले लगाया जानेवाला=हनुमान (कर्म)।

सामान्य नियमों के अनुसार ही नामबोधक संयुक्त क्रियापद के क्रियारूप की रूप-रचना के आधार पर संयुक्त क्रियापदों का कर्ता-अनुगामी या कर्मादि-अनुगामी होना निश्चित होता है।

दिखाई देना, सुनाई देना, दिखाई पड़ना, सुनाई पड़ना भी संयुक्त क्रियाएँ हैं जिनके नामपद भाववाचक संज्ञाएँ हैं। ये संयुक्त क्रियाएँ अकर्मक हैं। क्रियापदों का कर्ता-अनुगामी या कर्मादि अनुगामी होना इनके क्रियारूपों की रूप-रचना पर निर्भर है।

मोहन को चाँद दिखाई दिया/दिखाई पड़ा।

दिखाई देनेवाला—चाँद (कर्ता), और 'मोहन को' चाहे अधिकरण मानें अथवा संप्रदान कारक।

राम को मुर्गे की बाँग सुनाई पड़ी/सुनाई दी।

सुनाई देनेवाली—बाँग (कर्ता)।

दिखाई पड़ना, सुनाई देना आदि नामबोधक संयुक्त क्रियाएँ अकर्मक हैं तथा कर्ता-अनुगामी हैं।

◆

:: 4 ::

बृहत् संयुक्त क्रियापदों की रूप-रचना

4.1 : जब तीन या तीन से अधिक क्रियामूलों (धातुओं) के क्रियारूप किसी क्रियापद में सम्मिलित हों तो उसे बृहत् संयुक्त क्रियापद कहते हैं; जैसे—

(i) मैं अपने बचाव के लिए कुछ नहीं **कर पा रहा हूँ**।

(ii) भक्तों में प्रसाद **बाँटा जाने लगा**।

(iii) वह बिना बुलाए यहाँ **चला आया करता था**।

(iv) उसकी हड्डियों को **गिना जा सकता था**।

(v) मकान **बनता चला गया**।

(vi) लड़का दिनों-दिन समझदार **होता चला जा रहा** था।

(vii) वह सारा सामान दो घंटे में **उठा ले जा सकता है**।

प्रथम पाँच वाक्यों के क्रियापदों में तीन-तीन क्रियारूप क्रियामूलों (धातुओं) से संबद्ध हैं और अंतिम दो वाक्यों के क्रियापदों में चार-चार क्रियारूप क्रियामूलों (धातुओं) से संबद्ध हैं। उक्त सभी क्रियापदों की गिनती बृहत् संयुक्त क्रियापदों में होती है। संयुक्त क्रियापद के क्रियारूपों की गिनती करते समय सहायक क्रिया को नहीं गिना जाता। उक्त क्रियापदों के क्रियारूपों का विवरण इस प्रकार है—

(i) कर (क्रियामूल); पा (क्रियामूल); रहा ('रह' क्रियामूल (धातु) का आकृदंत)

(ii) बाँटा (आकृदंत); जाने (तिर्यक् नाकृदंत); लगा (आकृदंत)

(iii) चला (आकृदंत); आया (आकृदंत); करता (ताकृदंत)

(iv) गिना (आकृदंत); जा (क्रियामूल); सकता (ताकृदंत)

(v) बनता (ताकृदंत); चला (आकृदंत); गया (आकृदंत)

(vi) होता (ताकृदंत); चला (आकृदंत); जा (क्रियामूल); रहा (आकृदंत)

(vii) उठा (क्रियामूल); ले (क्रियामूल); जा (क्रियामूल); सकता (ताकृदंत)

4.2 : बृहत् संयुक्त क्रियापदों की तीन महत्त्वपूर्ण विशेषताएँ देखने में आती हैं। पहली यह कि बृहत् संयुक्त क्रियापद का प्रथम क्रियारूप पूर्ववत् मुख्य क्रिया से संबद्ध होता है। दूसरी विशेषता यह है कि क्रियामूल से संबद्ध अन्य दोनों, तीनों आदि क्रियारूप संयोज्य क्रिया वर्ग के क्रियामूलों (धातुओं) से ही संबद्ध होते हैं। और तीसरी विशेषता यह है कि जिस प्रकार पहली संयोज्य क्रिया मुख्य क्रिया के क्रियारूप का निर्धारण करती है, उसी प्रकार दूसरी संयोज्य

क्रिया भी पहली संयोज्य क्रिया के क्रियारूप का निर्धारण (उसे मुख्य क्रिया के रूप के समान स्वीकारते हुए) करती है और तीसरी संयोज्य क्रिया भी दूसरी संयोज्य क्रिया के क्रियारूप का निर्धारण भी उसी प्रकार करती है। और यदि चौथी संयोज्य क्रिया हो तो वह तीसरी संयोज्य क्रिया के क्रियारूप का भी निर्धारण करती है।

क्रियापद 'कर पा रहा हूँ' में तीन क्रियामूल-संबंधी क्रियारूप हैं। पहला क्रियारूप 'कर' क्रियामूल (धातु) है जो मुख्य क्रिया से संबद्ध है। दूसरा क्रियारूप 'पा' भी क्रियामूल (धातु) है जो संयोज्य क्रिया 'पाना' का क्रियारूप है। 'पाना' संयोज्य क्रिया के साथ (3.9) मुख्य क्रिया का क्रियारूप क्रियामूल (धातु) रूप में ही आता है। दूसरी संयोज्य क्रिया है 'रहना'। इसके आकृदंत क्रियारूप 'रहा' के साथ मुख्य क्रिया (यहाँ पहली संयोज्य क्रिया) क्रियामूल (धातु) के रूप में (3.10.6) आती है।

'बाँटा जाने लगा' बृहत् संयुक्त क्रियापद में भी तीन क्रियारूप हैं। पहला क्रियारूप आकृदंत[×] 'बाँटा' है जो संयोज्य क्रिया 'जाना' के द्वारा शासित होता है। 'जाना' संयोज्य क्रिया मख्य क्रिया के रूप में आकृदंत क्रियारूप को (3.18) ग्रहण करती है; जैसे—खाया जाना, पिया जाना, सिया जाना आदि। दूसरी संयोज्य क्रिया है 'लगना' जो मुख्य क्रिया के रूप में तिर्यक् नाकृदंत (3.23) ही ग्रहण करती है, जैसे—खाने लगना, जाने लगना, दौड़ने लगना आदि। 'जाना' संयोज्य क्रिया कई-कई क्रियारूप ग्रहण करने में सक्षम है परंतु एक समय में कोई एक क्रियारूप ही ग्रहण करती है।

'चला आया करता है' बृहत् संयुक्त क्रियापद में पहली संयोज्य क्रिया 'आना' है जो मुख्य क्रिया के रूप में आकृदंत क्रियारूप (3.18) ग्रहण करती है, जैसे—खिला आना, पिला आना, दिखा आना आदि। दूसरी संयोज्य क्रिया 'करना' मुख्य क्रिया के रूप में अविकारी आकृदंत क्रियारूप (3.19) ग्रहण करती है, जैसे—खेला करना, पढ़ा करना, देखा करना आदि।

'गिना जा सकता है' बृहत् संयुक्त क्रियापद में भी क्रियामूल से संबद्ध तीन क्रियारूप हैं। प्रथम संयोज्य क्रिया 'जाना' के साथ मुख्य क्रिया का आकृदंत क्रियारूप (3.18) आता है, जैसे—दिया जाना, लाया जाना, पढ़ा जाना, सोचा जाना आदि। दूसरी संयोज्य क्रिया 'सकना' मुख्य क्रिया के रूप में क्रियामूल (धातु) ही (3.9) ग्रहण करती है, जैसे—खा सकना, पी सकना, आ सकना, चल सकना आदि।

'बनता चला गया' क्रियापद में पहली संयोज्य क्रिया 'चलना' है। इसके साथ मुख्य क्रिया का 'ताकृदंत' क्रियारूप (3.12) प्रयुक्त होता है; जैसे—लिखता चलना, पढ़ता चलना, देखता चलना आदि। दूसरी संयोज्य क्रिया 'जाना' है जिसके साथ मुख्य क्रिया का क्रियारूप आकृदंत (3.18) आता है; जैसे—देखा जाना, बनाया जाना, सुनाया जाना, उठाया जाना आदि।

'होता चला जा रहा है' में पहली संयोज्य क्रिया 'चलना' है। इसके साथ मुख्य क्रिया का क्रियारूप ताकृदंत (3.12) आता है, जैसे—पढ़ता चलना, लिखता चलना, करता चलना, सोचता चलना आदि। दूसरी संयोज्य क्रिया 'जाना' है जिसके साथ मुख्य क्रिया आकृदंत क्रियारूप में (3.18) आती है, जैसे—खेला जाना, पढ़ा जाना, मिटाया जाना, सुलाया जाना आदि। तीसरी संयोज्य क्रिया 'रहना' है जिसके आकृदंत क्रियारूप के साथ मुख्यक्रिया क्रियामूल (धातु) रूप में (3.10.6) आती है, जैसे—आ रहा है, पढ़ रहा था, खेल रहा हो, सो रहा होगा आदि।

× 'करना' संयोज्य क्रिया के साथ मुख्य क्रिया का आकृदंत क्रिया रूप अविकारी रूप में प्रयुक्त होता है।

'उठा ले जा सकता है' बृहत् संयुक्त क्रियापद में चार क्रियारूप क्रियामूल (धातु) से संबद्ध हैं—'उठा' क्रियामूल है जो 'उठाना' सकर्मक क्रिया से संबद्ध है, ले (क्रियामूल), जा (क्रियामूल) और सकता (सक क्रियामूल का ताकृदंत) है। पहला क्रियारूप 'उठा' मुख्य क्रिया से संबद्ध है जिसके रूप का निर्धारण प्रथम संयोज्य क्रिया 'लेना' द्वारा होता है। 'लेना' संयोज्य क्रिया मुख्य क्रिया के रूप में क्रियामूल (धातु) क्रियारूप को ही (3.9) ग्रहण करती है; जैसे—खा लेना, पी लेना, ले लेना, चल लेना आदि। प्रथम संयोज्य क्रिया के रूप का निर्धारण दूसरी संयोज्य क्रिया 'जाना' करती है। 'जाना' संयोज्य क्रिया मुख्य क्रिया के रूप में क्रियामूल (धातु) भी (3.9) ग्रहण करती है, जैसे—खा जाना, पी जाना, सो जाना आदि। 'जाना' संयोज्य क्रिया के रूप का निर्धारण तीसरी संयोज्य क्रिया 'सकना' करती है। 'सकना' संयोज्य क्रिया के साथ मुख्य क्रिया क्रियामूल (धातु) रूप में ही (3.9) आती है, जैसे—आ सकना, जा सकना, पढ़ सकना, लिख सकना आदि।

4.3 : बृहत् संयुक्त क्रियापदों को एक और दृष्टि से जाना जा सकता है। दो क्रियामूलों से संबद्ध क्रियारूपोंवाले संयुक्त क्रियापद की संयुक्त क्रिया के रूप को जानने की विधि विगत प्रकरण में हम जान चुके हैं। क्रियामूल से संबद्ध तीन क्रियारूपोंवाले बृहत् संयुक्त क्रियापद में स्पष्ट रूप से दो संयुक्त क्रियाओं का ताल-मेल होता है और चार क्रियारूपों वाले बृहत् संयुक्त क्रियापद में तीन संयुक्त क्रियाओं का संयोजन होता है। प्रथम क्रियारूप और द्वितीय क्रियारूप, द्वितीय क्रियारूप और तृतीय क्रियारूप और इसी प्रकार तृतीय क्रियारूप और चतुर्थ क्रियारूप। और यदि क्रियापद में पाँच क्रियामूलों से संबद्ध क्रियारूप हों तो एक और संयुक्त क्रिया होगी—चतुर्थ क्रियारूप और पंचम क्रियारूप। अब देखिए—

1. कर पा रहा हूँ।
   (i) कर पाना, (ii) पा रहना।
2. बाँटा जाने लगा।
   (i) बाँटा जाना, (ii) जाने लगना।
3. चला आया करता था।
   (i) चला आना, (ii) आया करना।
4. गिना जा सकता था।
   (i) गिना जाना, (ii) जा सकना।
5. बनता चला गया।
   (i) बनता चलना, (ii) चला जाना।
6. होता चला जा रहा था।
   (i) होता चलना, (ii) चला जाना, (iii) जा रहना।
7. उठा ले जा सकता है।
   (i) उठा लेना, (ii) ले जाना, (iii) जा सकना।

* 'उठ' और 'उठा'—दोनों क्रियामूल हैं। 'उठ' से आकृदंत 'उठा' बनता है और 'उठा' से आकृदंत 'उठाया'। इस बात पर भी दृष्टि रखनी होती है कि 'उठा' क्रियारूप आकृदंत है या क्रियामूल, क्योंकि भ्रम की गुंजाइश रहती है। स्पष्ट संकेत वैसे संयोज्य क्रिया से अवश्य मिल जाता है कि वह मुख्य क्रिया के क्रियारूप में क्रियामूल ग्रहण करती है, आकृदंत ग्रहण करती है अथवा कुछ और।

अतः यह सिद्धांत स्पष्ट रूप से उजागर होता है, कि हर संयोज्य क्रिया मुख्य क्रिया/पूर्व क्रिया के क्रियारूप का निर्धारण करती है। उक्त विवरण से पूर्णतः स्पष्ट है कि हर संयुक्त क्रिया की संयोज्य क्रिया नियत क्रियारूप का ही अनुगमन करती है। जो संयोज्य क्रियाएँ एक से अधिक क्रियारूप ग्रहण करती हैं, वे हैं—आना, चलना, जाना, देना, रखना, रहना और होना। इन सात संयोज्य क्रियाओं के साथ पूर्व क्रियारूप के विकल्प की समस्या हो सकती है जिसे प्रयोग और अभ्यास से दूर किया जा सकता है।

4.4 : बृहत् संयुक्त क्रियापदों में भी पुरुष-लिंग-वचन के अनुसार यथानियम रूपांतर होते हैं। बृहत् संयुक्त क्रियापद के अन्य पुरुष-पुंलिंग-एकवचन क्रियारूप की पहले पहचान कर लेने से सुविधा होती है। किसी पुंलिंग-एकवचन नामपद (संज्ञा) के साथ प्रयुक्त होनेवाले संयुक्त क्रियापद का पता पहले लगाएँ। यदि हमारे सामने वाक्य हो—'लड़की चली आ रही है' तो हम 'लड़की' स्त्रीलिंग-एकवचन संज्ञापद के स्थान पर 'लड़का' पुंलिंग एकवचन संज्ञापद रखकर क्रियापद का पुंलिंग-एकवचन रूप जान सकते हैं—लड़का चला आ रहा है। इसी प्रकार यदि क्रियापद बहुवचन है तो उसे एकवचन का रूप दिया जा सकता है। इतना अवश्य ध्यान रखें कि अविकारी और तिर्यक् क्रियारूपों में रूपांतर नहीं होते। अब इस पुंलिंग-एकवचन क्रियापद के रूपांतर देखे जा सकते हैं—

पुंलिंग एकवचन	**स्त्रीलिंग एकवचन**
(i) कर पा रहा है।	(i) कर पा रही है।
(ii) बाँटा जाने लगा।	(ii) बाँटी जाने लगी।
(iii) चला आया करता था।	(iii) चली आया करती थी।
(iv) गिना जा सकता था।	(iv) गिनी जा सकती थी।
(v) बनता चला गया।	(v) बनती चली गयी।
(vi) होता चला जा रहा था।	(vi) होती चली जा रही थी।
(vii) उठा ले जा सकता है।	(vii) उठा ले जा सकती है।

पुंलिंग एकवचन	**पुंलिंग बहुवचन**
(i) कर पा रहा है।	(i) कर पा रहे हैं।
(ii) बाँटा जाने लगा।	(ii) बाँटे जाने लगे।
(iii) चला आया करता था।	(iii) चले आया करते थे।
(iv) गिना जा सकता था।	(iv) गिने जा सकते थे।
(v) बनता चला गया।	(v) बनते चले गए।
(vi) होता चला जा रहा था।	(vi) होते चले जा रहे थे।
(vii) उठा ले जा सकता है।	(vii) उठा ले जा सकते हैं।

स्त्री. एकवचन	स्त्री. बहुवचन
(i) कर पा रही है।	(i) कर पा रही हैं।
(ii) बाँटी जाने लगी।	(ii) बाँटी जाने लगीं।
(iii) चली आया करती थी।	(iii) चली आया करती थीं।
(iv) गिनी जा सकती थी।	(iv) गिनी जा सकती थीं।
(v) बनती चली गयी।	(v) बनती चली गयीं।
(vi) होती चली जा रही थी।	(vi) होती चली जा रही थीं।
(vii) उठा ले जा सकती है।	(vii) उठा ले जा सकती हैं।

कर्ता-अनुगामी तथा कर्मादि-अनुगामी बृहत् संयुक्त क्रियापद—

पिछले प्रकरण में हम संयुक्त क्रियापदों के कर्ता-अनुगामी तथा कर्मादि-अनुगामी—दो भेदों के संबंध में जानकारी प्राप्त कर चुके हैं। बृहत् संयुक्त क्रियापदों के भी कर्ता-अनुगामी और कर्मादि-अनुगामी दो भेद किए जाते हैं। पूर्वोल्लिखित नियम हमारे सहायक तो हैं परंतु एक सीमा तक ही। क्योंकि यहाँ प्रत्येक बृहत् क्रियापद में कम से कम दो संयुक्त क्रियाएँ होती हैं जिनमें से कोई न कोई अपना विशिष्ट प्रभाव दिखलाती है।

कर्ता-अनुगामी बृहत् संयुक्त क्रियापद—

4.5 : यदि बृहत् संयुक्त क्रियापद का अंतिम क्रियारूप अविकारी आधारभूत क्रियापद का अंग हो तो बृहत् संयुक्त क्रियापद कर्ता-अनुगामी होता है—

हम जानते हैं कि अविकारी आधारभूत क्रियापद चार हैं—

(i) क्रियामूल	(ii) एकपदीय नाकृदंत
(iii) एकपदीय इएकृदंत	(iv) एकपदीय इएगाकृदंत

तू (राम) देखता चला जा।	तू (सीता) देखती चली जा।
तुम (राम) देखते चले जाना।	तुम (सीता) देखती चली जाना।
आप (राम) देखते चले जाइए।	आप (सीता) देखती चली जाइए।
आप (राम) देखते चले जाइएगा।	आप (सीता) देखती चली जाइएगा।

तू (राम) पुस्तक संभाल कर रख।	तू (राम) दोस्त बना कर रख।
तुम (सीता) पुस्तक संभाल कर रखना।	तुम (सीता) दोस्त बना कर रखना।
आप (राम) पुस्तक संभाल कर रखिए।	आप (राम) दोस्त बना कर रखिए।
आप (सीता) पुस्तक संभाल कर रखिएगा।	आप (सीता) दोस्त बना कर रखिएगा।

तू (राम) हाथ उठा लिया* कर।	तू (राम) कीमत बता दिया कर।
तुम (सीता) हाथ उठा लिया करना।	तुम (सीता) कीमत बता दिया करना।
आप (राम) हाथ उठा लिया कीजिए।	आप (राम) कीमत बता दिया कीजिए।
आप (सीता) हाथ उठा लिया कीजिएगा।	आप (सीता) कीमत बता दिया कीजिएगा।

* 'करना' संयोज्य क्रिया के साथ मुख्य क्रिया का आकृदंत क्रियारूप अविकारी रहता है। नियम 3.19.

जा, जाना, जाइए और जाइएगा; रख, रखना, रखिए और रखिएगा तथा कर, करना, कीजिए और कीजिएगा—ये सभी अविकारी आधारभूत क्रियापद हैं।

4.6 : यदि प्रथम संयुक्त क्रिया कर्ता-अनुगामी हो तो बृहत् संयुक्त क्रियापद कर्ता-अनुगामी रहता है—

(i) वह चला आया करता है।

पहली संयुक्त क्रिया है 'चला आना' और दूसरी है 'आया करना'। 'चला आया' क्रियापद 'चला आना' संयुक्त क्रिया का क्रियारूप कर्ता-अनुगामी है, जैसे—लड़का चला आया है। अत: बृहत् संयुक्त क्रियापद भी कर्ता-अनुगामी है।

(ii) वह उत्तीर्ण हो गया होता है।

'हो जाना' संयुक्त क्रिया का क्रियापद है 'हो गया' जो कर्ता-अनुगामी है—लड़का उत्तीर्ण हो गया। अत: बृहत् संयुक्त क्रियापद भी कर्ता-अनुगामी है।

(iii) वह पुस्तक पढ़ चुका रहा होता है।

'पढ़ चुका' क्रियापद 'पढ़ चुकना' संयुक्त क्रिया से संबद्ध है जो कर्ता-अनुगामी है—लड़का पुस्तक पढ़ चुका है। अत: बृहत् संयुक्त क्रियापद भी कर्ता-अनुगामी होगा।

(iv) वह उसे अपने घर भेजा करता रहता होगा।

'भेजा' वस्तुत: 'भेज' सकर्मक क्रियामूल का आकृदंत क्रियारूप है। यदि यह स्वतंत्र एकपदीय अथवा द्विपदीय क्रियापद के रूप में प्रयुक्त होता है तो कर्मादि-अनुगामी है, क्योंकि कर्ता में 'ने' परसर्ग आता है :

राम ने कृष्ण को पत्र भेजा।

राम ने कृष्ण को पुस्तक भेजी।

राम ने कृष्ण का कई पत्र भेजे।

राम ने कृष्ण को कई पुस्तकें भेजीं।

परंतु जब संयुक्त क्रिया की संयोज्य क्रिया 'करना' हो तो उसका क्रियापद कर्ता-अनुगामी होता है—

राम कृष्ण को पत्र भेजा करता है/था...

सीता कृष्ण को पत्र भेजा करती है/थी...

राम मित्रों को पुस्तकें भेजा करता रहता/होगा...

सीता मित्रों को पुस्तकें भेजा करती रही/होगी...

4.7 : यदि पहली संयुक्त क्रिया का क्रियापद कर्मादि अनुगामी हो और दूसरी संयुक्त क्रिया की संयोज्य क्रिया 'करना' हो तो बृहत् संयुक्त क्रियापद कर्ता-अनुगामी होता है; जैसे—मोहन आम खा लिया करता है।

'खा लिया' क्रियापद कर्मादि-अनुगामी है। कर्ता परसर्ग से युक्त रहता है; जैसे—मोहन ने आम खा लिया। परंतु अगली संयोज्य क्रिया 'करना' वाक्य का स्वरूप बदल देती है। इसी प्रकार वाक्य है—

उसने अपना चित्र दिखा दिया था। —कर्मादि-अनुगामी

वह अपना चित्र दिखा दिया करता था। —कर्ता-अनुगामी

कर्मादि-अनुगामी बृहत् संयुक्त क्रियापद

4.8 : बृहत् संयुक्त क्रियापद की किसी संयुक्त क्रिया की मुख्य/पूर्व क्रिया का क्रियारूप सकर्मक आकृदंत और संयोज्य क्रिया 'जाना' हो तो क्रियापद लिंग-वचन की दृष्टि से कर्मादि-अनुगामी होता है; बशर्ते किसी अन्य संयुक्त क्रिया की संयोज्य क्रिया 'करना' न हो।

निम्नलिखित वाक्यों में पहली संयुक्त क्रिया है—बाँटा जाना। यहाँ संयोज्य क्रिया 'जाना' है और मुख्य क्रिया का क्रियारूप 'बाँटा' सकर्मक आकृदंत है।

भक्तों में प्रसाद बाँटा जा रहा है/था/हो/होगा।

भक्तों में प्रसाद बाँटा जाता रहता है/था/हो/होगा।

भक्तों में प्रसाद बाँटा गया होता।

भक्तों में प्रसाद बाँटा जा सकता है।

उक्त वाक्यों में कर्तापद लुप्त है तथा कर्मपद 'प्रसाद' है।

कर्ता—(बाँटनेवाला)—×

कर्म—(बाँटा जानेवाला)—प्रसाद।

यदि आप कर्तापद रखना चाहें तो 'के द्वारा' संबंधबोधक के साथ रख भी सकते हैं—

आयोजकों के द्वारा भक्तों में प्रसाद बाँटा जा रहा है।

अब एक और वाक्य समूह लीजिए—

उन्हें चश्मा दिखा दिया जाता है।

उन्हें चश्मा दिखा दिया गया है।

उन्हें चश्मा दिखा दिया जाएगा।

उन्हें चश्मा दिखा दिया जाए।

यहाँ पहली संयुक्त क्रिया है 'दिखा देना' और दूसरी संयुक्त क्रिया है—दिया जाना। 'दिखा' क्रियामूल है और 'दिया' आकृदंत है। यहाँ भी उक्त नियम लागू होगा।

यहाँ कर्तापद लुप्त है और कर्मपद 'चश्मा' है। 'उन्हें' संप्रदानकारक है। इसे आप अधिकरणकारक भी मान सकते हैं। पूर्व व्याकरणों में इसे गौण कर्म कहा जाता रहा है।

कर्ता—(दिखानेवाला)— ×

कर्म—(दिखाया जानेवाला)—चश्मा

यदि कर्मपद 'को' परसर्ग से युक्त हो तो क्रियापद आधारभूत रूप में रहता है—

मोहन को बुला लिया गया है।

मोहन को बुला लिया जा रहा था।

मोहन को बुला लिया जाए/जाएगा।

मोहन को बुला लिया जा सकता है।

यहाँ दूसरी संयुक्त क्रिया 'लिया जाना' है। 'लिया' सकर्मक आकृदंत है और 'जाना' संयोज्य क्रिया है।

4.9. बृहत् संयुक्त क्रियापद की पहली संयुक्त क्रिया की मुख्य क्रिया का क्रियारूप सकर्मक क्रियामूल हो और संयोज्य क्रिया का क्रियारूप सकर्मक आकृदंत हो तो क्रियापद कर्मादि-अनुगामी होता है बशर्ते दूसरी संयुक्त क्रिया की संयोज्य क्रिया 'करना' न हो—

(i) हमने संतोष कर लिया होता। —कर्मादि-अनुगामी
हम संतोष कर लिया करते। —कर्ता-अनुगामी

(ii) हमने दान दे दिया रहता। —कर्मादि-अनुगामी
हम दान दे दिया करते। —कर्ता-अनुगामी

(iii) उसने हमारा दिल छू लिया होता। —कर्मा.
वह हमारा दिल छू लिया करता। —कर्ता.

(iv) उसने सब-कुछ कह डाला रहा। —कर्मा.
वह सब-कुछ कह डाला करता। —कर्ता.

(v) उन्होंने रोनी सूरत बना रखी रही। —कर्मा.
वे रोनी सूरत बना रखा करते हैं। —कर्ता.

यदि दूसरी संयुक्त क्रिया की संयोज्य क्रिया 'करना' के बजाय 'होना' या 'रहना' होती तो क्रियापद कर्मादि ही रहते :

हम संतोष कर लिया करते हैं। —कर्ता-अनुगामी
हमने संतोष कर लिया होता। —कर्मादि-अनुगामी
वह हमारा दिल छू लिया करता। —कर्ता-अनुगामी
उसने हमारा दिल छू लिया रहता। —कर्मादि-अनुगामी

4.10. यदि बृहत् क्रियापद की संयोज्य क्रिया द्विपदीय नाकृदंत या द्विपदीय इएकृदंत हो तो क्रियापद कर्मादि-अनुगामी होता है:

वह मकान खाली कर देता है।
वे मकान खाली कर देते हैं।] कर्ता-अनुगामी

उसको मकान खाली कर देना होगा।
उसको दुकान खाली कर देनी होगी।] कर्मादि-अनुगामी

राम को मकान खाली कर देना चाहिए था।
राम को कोठरी खाली कर देनी चाहिए थी।] कर्मादि-अनुगामी

◆

:: 5 ::

वाच्य-आधारित क्रियापदों की रूप-रचना

5.1 : 'वाच्य' का शब्दार्थ है—जिसके संबंध में कहना हो अथवा जिसके संबंध में कहा जाए। यद्यपि 'वाच्य' का संबंध वाक्य-रचना से माना जाता है, तो भी हमें यह बात नहीं भूलनी चाहिए कि वाच्य-संबंधी सभी विकार क्रियापदों में ही होते हैं जो हमारा विचार्य विषय है। संस्कृत वैयाकरणों के अनुसार वाच्य के तीन भेद हैं, जिन्हें हिंदी के वैयाकरणों ने भी स्वीकारा है। जब क्रिया 'कर्ता' के संबंध में कहे तो कर्तृवाच्य, जब 'कर्म' के संबंध में कहे तो कर्मवाच्य और जब क्रिया 'भाव' (क्रियार्थ) के संबंध में कहे तो भाववाच्य। इस आधार पर हम वाच्य को कथन-प्रकार कह सकते हैं। पता नहीं क्यों, 'हिंदी शब्दानुशासन' ने वाच्य का आधार कथन-प्रकार को मानने के बजाय क्रिया की एक अन्य विशेषता को आधार बना लिया गया। "जब कर्ता के अनुसार क्रिया रूप ग्रहण करती है तो कर्तृवाच्य कहलाती है और जब कर्म का अनुगमन करती है तो कर्मवाच्य...और न कर्ता के अनुसार चलती है और न कर्म के अनुसार, तब उसे भाववाचक कहते हैं।"* वस्तुतः उक्त कथन 'वाच्य' की मूल भावना से मेल नहीं खाता। भाववाच्य के लिए दिया गया नकारात्मक तर्क तो और भी विचित्र है।

'किसी के संबंध में कहना' और 'किसी का अनुगमन करना' दो भिन्न-भिन्न संकल्पनाएँ हैं। 'नवशती हिंदी व्याकरण' पहली संकल्पना का ही पक्षधर है। जब क्रिया कर्ता के संबंध में कहती है तो क्रिया के कथन का केंद्रबिंदु कर्ता रहता है; जैसे—राम जाता है, राम पुस्तक पढ़ता है, राम ने पुस्तक खरीदी, राम को पुस्तक खरीदनी थी आदि। आपको कर्ता (राम) का उल्लेख करना ही पड़ेगा। उसे ही आगे रखकर कुछ कहना होता है। एक बात यह भी देखने में आती है कि बिना कर्ता के कर्तृवाच्य के वाक्य अधूरे रहते हैं। जब सकर्मक क्रिया कर्म के बारे में कहती है तो वह अपने को कर्म तक सीमित भी रखती है। तब वह या तो कर्ता का उल्लेख तक नहीं करती या फिर कर्ता को पदावन्त अवस्था में करणकारक में 'के द्वारा' या 'से' परसर्ग के साथ रखती है; जैसे—आम खाया गया, पुस्तक खरीदी जाती, सड़कें बनाई जाएँगी, अपराधी को बुलाया गया, आतंकवादी को दंडित किया जाएगा, राम के द्वारा पुस्तक खरीदी गई, दर्जी से कपड़े सिलवाए गए आदि। जब अकर्मक क्रिया भाव (क्रियार्थ) के बारे में कहती है तो वह भी या तो बिना कर्ता के वाक्य को पूर्णता प्रदान करती है अथवा कर्ता को पदानवत अवस्था में करणकारक में 'के द्वारा' या 'से' परसर्ग के साथ रखती है, जैसे—अब सोया जाए, यहीं बैठा जाए, नहीं चला जाता, उससे दौड़ा नहीं जाता।

5.2 : सभी आधारभूत एकपदीय एवं द्विपदीय क्रियापद कर्तृवाच्य के अंतर्गत आते हैं, क्योंकि इन सभी का लक्ष्य कर्ता का ही वर्णन करना होता है। ऐसे वाक्य कर्ता के अभाव में अपूर्ण या अधूरे रह जाते हैं। कर्ता परसर्गयुक्त हो या परसर्गरहित, इससे वाच्य से तार्किक संबंध नहीं।

---

* हिंदी शब्दानुशासन, दूसरा संस्करण, पृ. 409

कर्ता और कर्म के साथ 'पढ़ना' क्रिया के आधारभूत क्रियापद

तू पुस्तक पढ़।
वह पुस्तक पढ़ता।
उसने पुस्तक पढ़ी।
तुम पुस्तक पढ़ना।
वह पुस्तक पढ़े।
वह पुस्तक पढ़ेगा।
आप पुस्तक पढ़िए।
आप पुस्तक पढ़िएगा।
वह पुस्तक पढ़ता है।
वह पुस्तक पढ़ता था।
वह पुस्तक पढ़ता हो।
वह पुस्तक पढ़ता होगा।
उसने पुस्तक पढ़ी है।
उसने पुस्तक पढ़ी थी।
उसने पुस्तक पढ़ी हो।
उसने पुस्तक पढ़ी होगी।
उसको पुस्तक पढ़नी है।
उसको पुस्तक पढ़नी थी।
उसको पुस्तक पढ़नी हो।
उसको पुस्तक पढ़नी होगी।
उसको पुस्तक पढ़नी चाहिए है।
उसको पुस्तक पढ़नी चाहिए थी।
उसको पुस्तक पढ़नी चाहिए हो।
उसको पुस्तक पढ़नी चाहिए होगी।

उक्त सभी वाक्यों के क्रियापद कर्तृवाच्य हैं, क्योंकि ये कर्ता के संबंध में कहते हैं।

5.3 : कर्तृवाच्य के क्रियापदों का वाच्य-परिवर्तन किया जा सकता है।

5.4 : कर्तृवाच्य के सकर्मक क्रियापद कर्मवाच्य में और अकर्मक क्रियापद भाववाच्य में ढाले जा सकते हैं।

5.5 : आधारभूत कर्तृवाच्य क्रियापदों का वाच्य परिवर्तन करने के लिए संयोज्य क्रिया 'जाना' अथवा 'बनना' की सहायता आवश्यक है।

5.6 : जब 'जाना' संयोज्य क्रिया की सहायता ली जाती है तब कर्तृवाच्य के आधारभूत क्रियापद की मुख्य क्रिया के क्रियारूप को आकृदंत क्रियारूप में परिवर्तित करते हैं और यदि पहले से आकृदंत क्रियारूप हो तो ठीक ही है। तत्पश्चात् 'जाना' संयोज्य किया का आगमन

होता है। मुख्य क्रिया का जो क्रियारूप कर्तृवाच्य में रहता है, उसी रूप में 'जाना' संयोज्य क्रिया को रखा जाता है। यदि सहायक क्रिया कर्तृवाच्य में रहे तो उसे भी 'जाना' संयोज्य के क्रियारूप के बाद रखा जाता है।

5.7 : संयोज्य क्रिया 'जाना' के आधारभूत विकारी क्रियापद ही वाच्य परिवर्तन में सहायक हैं।

5.8 : संयोज्य क्रिया 'जाना' के अविकारी क्रियापदों का प्रयोग होने पर वाच्य परिवर्तन नहीं होता। वे कर्तृवाच्य के ही बने रहते रहते हैं।

5.9 : संयोज्य क्रिया 'जाना' के अविकारी क्रियारूपों के साथ मुख्य क्रिया का क्रियारूप आकृदंत तिर्यक् होता है।

5.10 : कर्मवाच्य में कर्म यदि परसर्ग-रहित है तो क्रियापद उसके (कर्म के) लिंग-वचन का अनुगमन करेगा। अन्यथा परसर्ग से युक्त हुआ तो पुंलिंग-एकवचन रहता है।

अतः यह भी स्पष्ट है कि कर्म अंतर्हित हुआ तो क्रियापद आधारभूत रूप में रहेगा।

तालिका : 74

सकर्मक 'पढ़' क्रियामूल (धातु) के आधारभूत विकारी क्रियापद	**'पत्र' पुंलिंग-एकवचन कर्म के साथ कर्तृवाच्य क्रियापद**			**संयोज्य क्रिया 'जाना' के साथ कर्मवाच्य क्रियापद** [नियम 5.4, 5.5]	
	कर्ता	**कर्म**	**क्रियापद**	**कर्म**	**क्रियापद**
ताकृदंत—पढ़ता	वह	पत्र	पढ़ता	पत्र	पढ़ा जाता
आकृदंत—पढ़ा	उसने	पत्र	पढ़ा	पत्र	पढ़ा गया
एकृदंत—पढ़े	वह	पत्र	पढ़े	पत्र	पढ़ा जाए
एगाकृदंत—पढ़ेगा	वह	पत्र	पढ़ेगा	पत्र	पढ़ा जाएगा
ताकृदंत + है—पढ़ता है	वह	पत्र	पढ़ता है	पत्र	पढ़ा जाता है
ताकृदंत + था—पढ़ता था	वह	पत्र	पढ़ता था	पत्र	पढ़ा जाता था
ताकृदंत + हो—पढ़ता हो	वह	पत्र	पढ़ता हो	पत्र	पढ़ा जाता हो
ताकृदंत + होगा—पढ़ता होगा	वह	पत्र	पढ़ता होगा	पत्र	पढ़ा जाता होगा
आकृदंत + है—पढ़ा है	उसने	पत्र	पढ़ा है	पत्र	पढ़ा गया है
आकृदंत + था—पढ़ा था	उसने	पत्र	पढ़ा था	पत्र	पढ़ा गया था
आकृदत + हो—पढ़ा हो	उसने	पत्र	पढ़ा हो	पत्र	पढ़ा गया हो
आकृदंत + होगा—पढ़ा होगा	उसने	पत्र	पढ़ा होगा	पत्र	पढ़ा गया होगा
नाकृदंत + है—पढ़ना है	उसको	पत्र	पढ़ना है	पत्र	पढ़ा जाना है
नाकृदंत + था—पढ़ना था	उसको	पत्र	पढ़ना था	पत्र	पढ़ा जाना था
नाकृदंत + हो—पढ़ना हो	उसको	पत्र	पढ़ना हो	पत्र	पढ़ा जाना हो
नाकृदंत + होगा—पढ़ना होगा	उसको	पत्र	पढ़ना होगा	पत्र	पढ़ा जाना होगा

(क्रमशः)

इएकृदंत + है नाकृदंत+चाहिए है—पढ़ना चाहिए है	उसको पत्र पढ़ना चाहिए है	पत्र पढ़ा जाना चाहिए है
इएकृदंत + था नाकृदंत+चाहिए था—पढ़ना चाहिए था	उसको पत्र पढ़ना चाहिए था	पत्र पढ़ा जाना चाहिए था
इएकृदंत + हो नाकृदंत+चाहिए हो—पढ़ना चाहिए हो	उसको पत्र पढ़ना चाहिए हो	पत्र पढ़ा जाना चाहिए हो
इएकृदंत + होगा नाकृदंत+चाहिए होगा—पढ़ना चाहिए होगा	उसको पत्र पढ़ना चाहिए होगा	पत्र पढ़ जाना चाहिए होगा

नियम (5.8) के अनुसार वाच्य परिवर्तन के लिए 'जाना' संयोज्य क्रिया का विकारी क्रियारूप होना चाहिए। परिणामत: अविकारी क्रियारूप पढ़ (क्रियामूल), एकपदीय नाकृदंत (पढ़ना), एकपदीय इएकृदंत (पढ़िए) और एकपदीय इएगाकृदंत (पढ़िएगा) कर्मवाच्य के दायरे से बाहर हैं। 'जाना' संयोज्य का प्रयोग किए जाने पर भी ये कर्तृवाच्य के ही दायरे के अंतर्गत आते हैं क्योंकि कर्ता की स्थिति बनी रहती है और बिना कर्ता के वाक्य अपूर्ण रह जाता है।

तालिका : 75

कर्म-पुस्तक (स्त्रीलिंग-एकवचन) के साथ कर्तृवाच्य क्रियापद	**कर्म-पुस्तक (स्त्रीलिंग-एकवचन) के साथ कर्मवाच्य क्रियापद**
वह पुस्तक पढ़ता	पुस्तक पढ़ी जाती
उसने पुस्तक पढ़ी	पुस्तक पढ़ी गयी
वह पुस्तक पढ़े	पुस्तक पढ़ी जाए
वह पुस्तक पढ़ेगा	पुस्तक पढ़ी जाएगी
वह पुस्तक पढ़ता है	पुस्तक पढ़ी जाती है
वह पुस्तक पढ़ता था	पुस्तक पढ़ी जाती थी
वह पुस्तक पढ़ता हो	पुस्तक पढ़ी जाती हो
वह पुस्तक पढ़ता होगा	पुस्तक पढ़ी जाती होगी
उसने पुस्तक पढ़ी है	पुस्तक पढ़ी गई है
उसने पुस्तक पढ़ी थी	पुस्तक पढ़ी गई थी
उसने पुस्तक पढ़ी हो	पुस्तक पढ़ी गयी हो
उसने पुस्तक पढ़ी होगी	पुस्तक पढ़ी गयी होगी
उसको पुस्तक पढ़नी है	पुस्तक पढ़ी जानी है
उसको पुस्तक पढ़नी थी	पुस्तक पढ़ी जानी थी
उसको पुस्तक पढ़नी हो	पुस्तक पढ़ी जानी हो
उसको पुस्तक पढ़नी होगी	पुस्तक पढ़ी जानी होगी
उसको पुस्तक पढ़नी चाहिए है	पुस्तक पढ़ी जानी चाहिए है

(क्रमश:)

उसको पुस्तक पढ़नी चाहिए थी	पुस्तक पढ़ी जानी चाहिए थी
उसको पुस्तक पढ़नी चाहिए हो	पुस्तक पढ़ी जानी चाहिए हो
उसको पुस्तक पढ़नी चाहिए होगी	पुस्तक पढ़ी जानी चाहिए होगी

तालिका : 76

कर्म-पुस्तक (स्त्रीलिंग-एकवचन) के साथ कर्तृवाच्य क्रियापद	**कर्म-पुस्तक (स्त्रीलिंग-एकवचन) के साथ कर्तृवाच्य क्रियापद**
तू पुस्तक पढ़	तू पुस्तक पढ़े जा
तुम पुस्तक पढ़ना	तुम पुस्तक पढ़े जाना
आप पुस्तक पढ़िए	आप पुस्तक पढ़े जाइए
आप पुस्तक पढ़िएगा	आप पुस्तक पढ़े जाइएगा
तू पत्र पढ़	तू पत्र पढ़े जा
तुम पत्र पढ़ना	तुम पत्र पढ़े जाना
आप पत्र पढ़िए	आप पत्र पढ़े जाना
आप पत्र पढ़िएगा	आप पत्र पढ़े जाइएगा

5.11 : जब 'जाना' की जगह 'बनना' संयोज्य क्रिया का प्रयोग कर्तृवाच्य के क्रियापद को कर्मवाच्य या भाववाच्य में ढालने के लिए करते हैं तब मुख्य क्रिया के क्रियारूप को तिर्यक् ताकृदंत या तिर्यक् आकृदंत रूप देते हैं और 'बनना' संयोज्य क्रिया को उसी मुख्य क्रिया के रूप में रखते हैं। भाववाच्य में कर्म न होने के कारण क्रियापद आधारभूत पुंलिंग-एकवचन रहता है।

5.12 : 'बनना' संयोज्य क्रिया क्रियामूल द्विपदीय नाकृदंत तथा द्विपदीय इएकृदंत क्रियारूपों के साथ प्रयुक्त नहीं होती, परंतु अन्य सभी आधारभूत क्रियापदों को कर्मवाच्य में ढालती है।

5.13 : कर्मवाच्य तथा भाववाच्य में 'बनना' संयोज्य क्रिया प्रायः नकारात्मक प्रसंगों में ही वरीय समझी जाती है।

तालिका : 77

सकर्मक 'पढ़' क्रियामूल के आधारभूत कर्तृवाचक क्रियापद	कर्मवाच्य में 'बनना' संयोज्य क्रिया के योग से बने क्रियापद
तू पत्र पढ़	प्रयुक्त नहीं
वह पत्र पढ़ता	पत्र पढ़ते×(न)बनता
उसने पत्र पढ़ा	पत्र पढ़ते (न) बना
तुम पत्र पढ़ना	पत्र पढ़ते (न) बनना
वह पत्र पढ़े	पत्र पढ़ते (न) बने
वह पत्र पढ़ेगा	पत्र पढ़ते (न) बनेगा
आप पत्र पढ़िए	पत्र पढ़ते (न) बनिए
आप पत्र पढ़िएगा	पत्र पढ़ते (न) बनिएगा
वह पत्र पढ़ता है	पत्र पढ़ते (न) बनता है
वह पत्र पढ़ता था	पत्र पढ़ते (न) बनता था
वह पत्र पढ़ता हो	पत्र पढ़ते (न) बनता हो
वह पत्र पढ़ता होगा	पत्र पढ़ते (न) बनता होगा
उसने पत्र पढ़ा है	पत्र पढ़ते (न) बना है
उसने पत्र पढ़ा था	पत्र पढ़ते (न) बना था
उसने पत्र पढ़ा हो	पत्र पढ़ते (न) बना हो
उसने पत्र पढ़ा होगा	पत्र पढ़ते (न) बना होगा
उसको पत्र पढ़ना है	
उसको पत्र पढ़ना था	प्रयुक्त नहीं होते
उसको पत्र पढ़ना हो	(5.12)
उसको पत्र पढ़ना होगा	
उसको पत्र पढ़ना चाहिए है	प्रयुक्त नहीं होते
उसको पत्र पढ़ना चाहिए था	(5.12)
उसको पत्र पढ़ना चाहिए हो	
उसको पत्र पढना चाहिए होगा	

× तिर्यक् 'ताकृदंत' 'पढ़ते' की जगह आप तिर्यक् 'आकृदंत' को प्रयोग में ला सकते हैं—पत्र पढ़ते नहीं बनता, पत्र पढ़े नहीं बनता, पत्र पढ़ते नहीं बना, पत्र पढ़े नहीं बना आदि-आदि।

तालिका : 78

सकर्मक 'लिख' क्रियामूल (धातु) के विकारी आधारभूत क्रियापद	'कहानी' स्त्रीलिंग एकवचन कर्म के साथ कर्तृवाच्य क्रियापद			संयोज्य क्रिया 'जाना' के साथ कर्मवाच्य क्रियापद	
	कर्ता	कर्म	क्रियापद	कर्म	क्रियापद
ताकृदंत—लिखता	वह	कहानी	लिखता	कहानी	लिखी जाती
आकृदंत—लिखा	उसने	कहानी	लिखी	कहानी	लिखी गयी
एकृदंत—लिखे	वह	कहानी	लिखे	कहानी	लिखी जाए
एगाकृदंत—लिखेगा	वह	कहानी	लिखेगा	कहानी	लिखी जाएगी
ताकृदंत + है—लिखता है	वह	कहानी	लिखता है	कहानी	लिखी जाती है
ताकृदंत + था—लिखता था	वह	कहानी	लिखता था	कहानी	लिखी जाती थी
ताकृदंत + हो—लिखता हो	वह	कहानी	लिखता हो	कहानी	लिखी जाती हो
ताकृदंत + होगा—लिखता होगा	वह	कहानी	लिखता होगा	कहानी	लिखी जाती होगी
आकृदंत + है—लिखा है	उसने	कहानी	लिखी है	कहानी	लिखी गयी है
आकृदंत + था—लिखा था	उसने	कहानी	लिखी थी	कहानी	लिखी गयी थी
आकृदंत + हो—लिखा हो	उसने	कहानी	लिखी हो	कहानी	लिखी गयी हो
आकृदंत + होगा—लिखा होगा	उसने	कहानी	लिखी गई होगी	कहानी	लिखी गयी होगी
नाकृदंत + है—लिखना है	उसको	कहानी	लिखना है	कहानी	लिखी जानी है
नाकृदंत + था—लिखना था	उसको	कहानी	लिखना था	कहानी	लिखी जानी था
नाकृदंत + हो—लिखना हो	उसको	कहानी	लिखना हो	कहानी	लिखी जानी हो
नाकृदंत + होगा—लिखना होगा	उसको	कहानी	लिखना होगा	कहानी	लिखी जानी होगी
इएकृदंत + है—लिखना चाहिए है	उसको	कहानी	लिखनी चाहिए है	कहानी	लिखी जानी चाहिए है
इएकृदंत + था—लिखना चाहिए था	उसको	कहानी	लिखनी चाहिए थी	कहानी	लिखी जानी चाहिए थी
इएकृदंत + हो—लिखना चाहा हो	उसको	कहानी	लिखनी चाहिए हो	कहानी	लिखी जानी चाहिए हो
इएकृदंत + होगा—लिखना चाहा होगा	उसको	कहानी	लिखनी चाहिए होगी	कहानी	लिखी जानी चाहिए होगी

उदाहरण के लिए 'वह कहानी लिखता' में मुख्य क्रिया के ताकृदंत (लिखता) सकर्मक क्रियारूप को आकृदंत (लिखा) करेंगे। तत्पश्चात् 'जाना' संयोज्य क्रिया को मुख्य क्रिया के ताकृदंत क्रियारूप में रखेंगे अर्थात् 'जाता' क्रिया रूप में। इस प्रकार 'लिखा जाता' क्रियापद का रूप बना। परसर्ग रहित स्त्रीलिंग एकवचन कर्म 'कहानी' के कारण रूप होगा—लिखी जाती। जिस प्रकार सरलता से पुंलिंग-एकवचन तथा स्त्रीलिंग-एकवचन कर्म की उपस्थिति में कर्मवाच्य क्रियापद बने हैं, वैसी ही सरलता से पुंलिंग-बहुवचन तथा स्त्रीलिंग-बहुवचन कर्म के साथ भी कर्मवाच्य के क्रियापद बनेंगे।

तालिका : 79

कर्तृवाच्य	कर्मवाच्य 'बनना' संयोज्य क्रिया के सहयोग से
वह कहानी लिखता	कहानी लिखते (न) बनती
उसने कहानी लिखी	कहानी लिखते (न) बनी
तुम कहानी लिखना	कहानी लिखते (नहीं) बनना[×]
वह कहानी लिखे	कहानी लिखते (न) बने
वह कहानी लिखेगा	कहानी लिखते (न) बनेगी
आप कहानी लिखिए	कहानी लिखते (न) बनिए
आप कहानी लिखिएगा	कहानी लिखते (न) बनिएगा
वह कहानी लिखता है	कहानी लिखते (नहीं) बनती है
वह कहानी लिखता था	कहानी लिखते (नहीं) बनती था
वह कहानी लिखता हो	कहानी लिखते (नहीं) बनती हो
वह कहानी लिखता होगा	कहानी लिखते (नहीं) बनती होगी
उसने कहानी लिखी है	कहानी लिखते (नहीं) बनी है
उसने कहानी लिखी था	कहानी लिखते (नहीं) बनी थी
उसने कहानी लिखी हो	कहानी लिखते (नहीं) बनी हो
उसने कहानी लिखी होगा	कहानी लिखते (नहीं) बनी होगा
उसको कहानी लिखना है	**प्रयुक्त नहीं होते**
उसको कहानी लिखना था	**(5.12)**
उसको कहानी लिखना हो	
उसको कहानी लिखना होगा	

कर्मवाच्य में 'बनना' संयोज्य क्रिया से रचे जानेवाले क्रियापद के कर्ता के साथ करणकारक के साथ 'से' परसर्ग का प्रयोग संभव है; जैसे—उससे कहानी लिखते न बनी।

× क्रियापद 'नाकृदंत' अविकारी है।

तालिका : ४०

संयोज्य क्रिया के विकारी आधारभूत क्रियापद	कर्मवाच्य कर्म-परसर्गरहित 'पत्र' पुंलिंग-एकवचन	कर्मवाच्य कर्म-परसर्गरहित 'पत्र' पुंलिंग-बहुवचन
ताकृदंत	**पत्र पढ़ा जाता**	**पत्र पढ़े जाते**
आकृदंत	**पत्र पढ़ा गया**	**पत्र पढ़े गये**
एकृदंत	पत्र पढ़ा जाए	पत्र पढ़े जाएँ
एगाकृदंत	पत्र पढ़ा जाएगा	पत्र पढ़े जाएँगे
ताकृदंत + है	पत्र पढ़ा जाता है	पत्र पढ़े जाते हैं
ताकृदंत + था	पत्र पढ़ा जाता था	पत्र पढ़े जाते थे
ताकृदंत + हो	पत्र पढ़ा जाता हो	पत्र पढ़े जाते हों
ताकृदंत + होगा	पत्र पढ़ा जाता होगा	पत्र पढ़े जाते होंगे
आकृदंत + है	पत्र पढ़ा गया है	पत्र पढ़े गए हैं
आकृदंत + था	पत्र पढ़ा गया था	पत्र पढ़े गए थे
आकृदंत + हो	पत्र पढ़ा गया हो	पत्र पढ़े गए हों
आकृदंत + होगा	पत्र पढ़ा गया होगा	पत्र पढ़े गए होंगे
नाकृदंत + है	पत्र पढ़ा जाना है	पत्र पढ़े जाने हैं
नाकृदंत + था	पत्र पढ़ा जाना था	पत्र पढ़े जाने थे
नाकृदंत + हो	पत्र पढ़ा जाना हो	पत्र पढ़े जाने हों
नाकृदंत + होगा	पत्र पढ़ा जाना होगा	पत्र पढ़े जाने होंगे
नाकृदंत + इएकृदंत है	पत्र पढ़ा जाना चाहिए है	पत्र पढ़े जाने चाहिए हैं
नाकृदंत + इएकृदंत था	पत्र पढ़ा जाना चाहिए था	पत्र पढ़े जाने चाहिए थे
नाकृदंत + इएकृदंत हो	पत्र पढ़ा चाहिए जाना हो	पत्र पढ़े जाने चाहिए हों
नाकृदंत + इएकृदंत होगा	पत्र पढ़ा जाना चाहिए होगा	पत्र पढ़े जाने चाहिए होंगे

तालिका : 81

कर्मवाच्य कर्म-पुंलिंग-एकवचन संयोज्य क्रिया 'बनना'	कर्मवाच्य कर्म-पुंलिंग-बहुवचन
पत्र पढ़ते (नहीं) बनता	(दो) पत्र पढ़ते (नहीं) बनते
पत्र पढ़ते (नहीं) बना	(दो) पत्र पढ़ते (नहीं) बने
पत्र पढ़ते (न) बनना	(दो) पत्र पढ़ते (न) बनना*
पत्र पढ़ते (नहीं) बने	(दो) पत्र पढ़ते (नहीं) बनें
पत्र पढ़ते (नहीं) बनेगा	(दो) पत्र पढ़ते (नहीं) बनेंगे
पत्र पढ़ते (न) बनिए	(दो) पत्र पढ़ते (न) बनिए*
पत्र पढ़ते (न) बनिएगा	(दो) पत्र पढ़ते (न) बनिएगा**
पत्र पढ़ते भी (नहीं) बनता है	(दो) पत्र पढ़ते भी (नहीं) बनते हैं
पत्र पढ़ते भी (नहीं) बनता था	(दो) पत्र पढ़ते भी (नहीं) बनते थे
पत्र पढ़ते भी (नहीं) बनता हो	(दो) पत्र पढ़ते भी (नहीं) बनते हों
पत्र पढ़ते भी (नहीं) बनता होगा	(दो) पत्र पढ़ते भी (नहीं) बनते होंगे
पत्र पढ़ते (नहीं) बना है	(दो) पत्र पढ़ते (नहीं) बने हैं
पत्र पढ़ते (नहीं) बना था	(दो) पत्र पढ़ते (नहीं) बने थे
पत्र पढ़ते (नहीं) बना हो	(दो) पत्र पढ़ते (नहीं) बने हों
पत्र पढ़ते (नहीं) बना होगा	(दो) पत्र पढ़ते (नहीं) बने होंगे

* तिर्यक् ताकृदंत की जगह तिर्यक् आकृदंत प्रयुक्त किया जा सकता है—पत्र पढ़े भी नहीं बनते, पत्र पढ़े भी न बने, पत्र पढ़े भी नहीं बने थे आदि।

तालिका : 82

सकर्मक 'पढ़' क्रियामूल (धातु) के विकारी आधारभूत क्रियापद	कर्मवाच्य कर्म परसर्ग रहित 'कहानी' स्त्रीलिंग-एकवचन	कर्मवाच्य कर्म-परसर्ग रहित 'कहानियाँ' स्त्रीलिंग-बहुवचन
ताकृदंत—पढ़ता	कहानी पढ़ी जाती	कहानियाँ पढ़ी जातीं
आकृदंत—पढ़ा	कहानी पढ़ी गयी	कहानियाँ पढ़ी गयीं
एकृदंत—पढ़े	कहानी पढ़ी जाए	कहानियाँ पढ़ी जाएँ
एगाकृदंत—पढ़ेगा	कहानी पढ़ी जाएगी	कहानियाँ पढ़ी जाएँगी
ताकृदंत + है पढ़ता है	कहानी पढ़ी जाती है	कहानियाँ पढ़ी जाती हैं
ताकृदंत + था पढ़ता था	कहानी पढ़ी जाती थी	कहानियाँ पढ़ी जाती थीं
ताकृदंत + हो पढ़ता हो	कहानी पढ़ी जाती हो	कहानियाँ पढ़ी जाती हों
ताकृदंत + होगा पढ़ता होगा	कहानी पढ़ी जाती होगी	कहानियाँ पढ़ी जाती होंगी
आकृदंत + है पढ़ा है	कहानी पढ़ी गयी है	कहानियाँ पढ़ी गयी हैं
आकृदंत + था पढ़ा था	कहानी पढ़ी गयी थी	कहानियाँ पढ़ी गयी थीं
आकृदंत + हो पढ़ा हो	कहानी पढ़ी गयी हो	कहानियाँ पढ़ी गयी हों
आकृदंत + होगा पढ़ा होगा	कहानी पढ़ी गयी होगी	कहानियाँ पढ़ी गयी होंगी
नाकृदंत + है पढ़ना है	कहानी पढ़ी जानी है	कहानियाँ पढ़ी जानी हैं
नाकृदंत + था	कहानी पढ़ी जानी थी	कहानियाँ पढ़ी जानी थीं
नाकृदंत + हो	कहानी पढ़ी जानी हो	कहानियाँ पढ़ी जानी हों
नाकृदंत + होगा	कहानी पढ़ी जानी होगी	कहानियाँ पढ़ी जानी होंगी
जाना + इएकृदंत है	कहानी पढ़ी जानी चाहिए है	कहानियाँ पढ़ी जानी चाहिए हैं
जाना + इएकृदंत था	कहानी पढ़ी जानी चाहिए थी	कहानियाँ पढ़ी जानी चाहिए थीं
जाना + इएकृदंत हो	कहानी पढ़ी जानी हो	कहानियाँ पढ़ी जानी हों
जाना + इएकृदंत होगा	कहानी पढ़ी जानी होगी	कहानियाँ पढ़ी जानी होंगी

तालिका : 83

कर्मवाच्य कर्म-स्त्रीलिंग- एकवचन संयोज्य क्रिया 'बनना'	कर्मवाच्य कर्म-स्त्रीलिंग- बहुवचन
कहानी लिखते (नहीं) बनती	कहानियाँ लिखते (नहीं) बनतीं
कहानी लिखते (नहीं) बनी	कहानियाँ लिखते (नहीं) बनीं
कहानी लिखते न बनना	कहानियाँ लिखते न बनना
कहानी लिखते (नहीं) बने	कहानियाँ लिखते (नहीं) बनें
कहानी लिखते (नहीं) बनेगी	कहानियाँ लिखते (नहीं) बनेंगी
कहानी लिखते न बनिए	कहानियाँ लिखते न बनिए
कहानी लिखते न बनिएगा	कहानियाँ लिखते न बनिएगा
कहानी लिखते (नहीं) बनती है	कहानियाँ लिखते (नहीं) बनती हैं
कहानी लिखते (नहीं) बनती थी	कहानियाँ लिखते (नहीं) बनती थीं
कहानी लिखते (नहीं) बनती हो	कहानियाँ लिखते (नहीं) बनती हों
कहानी लिखते (नहीं) बनती होगी	कहानियाँ लिखते (नहीं) बनती होंगी
कहानी लिखते (नहीं) बनी है	कहानियाँ लिखते (नहीं) बनी हैं
कहानी लिखते (नहीं) बनी थी	कहानियाँ लिखते (नहीं) बनी थीं
कहानी लिखते (नहीं) बनी हो	कहानियाँ लिखते (नहीं) बनी हों
कहानी लिखते (नहीं) बनी होगी	कहानियाँ लिखते (नहीं) बनी होंगी

* तिर्यक् ताकृदंत के स्थान पर तिर्यक् आकृदंत का प्रयोग भी किया जा सकता है।

तालिका : 84

सकर्मक 'बुला' क्रियामूल के विकारी आधारभूत क्रियापद	कर्तृवाच्य के क्रियापद परसर्गयुक्त कर्म के साथ	कर्मवाच्य के क्रियापद परसर्गयुक्त कर्म के साथ
ताकृदंत—बुलाता	वह राम को बुलाता	राम को बुलाया जाता
आकृदंत—बुलाया	उसने राम को बुलाया	राम को बुलाया गया
एकृदंत—बुलाए	वह राम को बुलाए	राम को बुलाया जाए
एगाकृदंत—बुलाएगा	वह राम को बुलाएगा	राम को बुलाया जाएगा
ताकृदंत + है	वह राम को बुलाता है	राम को बुलाया जाता है
ताकृदंत + था	वह राम को बुलाता था	राम को बुलाया जाता था
ताकृदंत + हो	वह राम को बुलाता हो	राम को बुलाया जाता हो
ताकृदंत + होगा	वह राम को बुलाता होगा	राम को बुलाया जाता होगा
आकृदंत + है	उसने राम को बुलाया है	राम को बुलाया गया है
आकृदंत + था	उसने राम को बुलाया था	राम को बुलाया गया था
आकृदंत + हो	उसने राम को बुलाया हो	राम को बुलाया गया हो
आकृदंत + होगा	उसने राम को बुलाया होगा	राम को बुलाया गया होगा
नाकृदंत + है	उसको राम को बुलाना है	राम को बुलाया जाना है
नाकृदंत + था	उसको नाम को बुलाना था	राम को बुलाया जाना था
नाकृदंत + हो	उसको राम को बुलाना हो	राम को बुलाया जाना हो
नाकृदंत + होगा	उसको राम को बुलाना होगा	राम को बुलाया जाना होगा
नाकृदंत + इएकृदंत है	उसको राम को बुलाना चाहिए है	राम को बुलाया जाना चाहिए है
नाकृदंत + इएकृदंत था	उसको राम को बुलाना चाहिए था	राम को बुलाया जाना चाहिए था
नाकृदंत + इएकृदंत हो	उसको राम को बुलाना चाहिए हो	राम को बुलाना जाना चाहिए हो
नाकृदंत + इएकृदंत होगा	उसको राम को बुलाना चाहिए होगा	राम को बुलाया जाना चाहिए होगा

तालिका : 85

आधारभूत क्रियापद कर्तृवाच्य के परसर्गयुक्त कर्म के साथ	कर्मवाच्य परसर्गयुक्त कर्म के साथ संयोज्य क्रिया 'जाना'	कर्मवाच्य परसर्गयुक्त कर्म के साथ संयोज्य क्रिया 'बनना'
वह राम को बुलाता	राम को बुलाया जाता	राम को बुलाते* (नहीं) बनता
उसने राम को बुलाया	राम को बुलाया गया	राम को बुलाते (नहीं) बना
तुम राम को बुलाना	× ×	राम को बुलाते न बनना
वह राम को बुलाए	राम को बुलाया जाए	राम को बुलाते (नहीं) बने
वह राम को बुलाएगा	राम को बुलाया जाएगा	राम को बुलाते (नहीं) बनेगा
आप राम को बुलाइए	× ×	राम को बुलाते न बनिए
आप राम को बुलाइएगा	× ×	राम को बुलाते न बनिएगा
वह राम को बुलाता है	राम को बुलाया जाता है	राम को बुलाते (नहीं) बनता है
वह राम को बुलाता था	राम को बुलाया जाता था	राम को बुलाते (नहीं) बनता था
वह राम को बुलाता हो	राम को बुलाया जाता हो	राम को बुलाते (नहीं) बनता हो
वह राम को बुलाता होगा	राम को बुलाया जाता होगा	राम को बुलाते (नहीं) बनता होगा
उसने राम को बुलाया है	राम को बुलाया गया है	राम को बुलाते (नहीं) बना है
उसने राम को बुलाया था	राम को बुलाया गया था	राम को बुलाते (नहीं) बना था
उसने राम को बुलाया हो	राम को बुलाया गया हो	राम को बुलाते (नहीं) बना हो
उसने राम को बुलाया होगा	राम को बुलाया गया होगा	राम को बुलाते (नहीं) बना होगा

5.14 : अकर्मक क्रियामूल से संबद्ध आधारभूत क्रियापदों को भाववाच्य में ढालने की वही प्रक्रिया है जो सकर्मक क्रियापदों को कर्मवाच्य में ढालने की है।

5.15 : भाववाच्य में अकर्मक क्रियापद सदा आधारभूत रूप में अर्थात् एकवचन-पुंलिंग कोटि का रहता है।

* तिर्यक् ताकृदंत की जगह तिर्यक् आकृदंत प्रयुक्त कर सकते हैं।

तालिका : 86

अकर्मक विकारी आधारभूत क्रियापद	अकर्मक क्रिया के कर्तृवाच्य के क्रियापद कर्ता के साथ	अकर्मक क्रिया के भाववाच्य के क्रियापद (वाक्यरूप में)
ताकृदंत—सोता	वह सोता	वहीं सोया जाता
आकृदंत—सोया	वह सोया	वहीं सोया गया
एकृदंत—सोए	वह सोए	वहीं सोया जाए
एगाकृदंत—सोएगा	वह सोएगा	वहीं सोया जाएगा
ताकृदंत + है	वह सोता है	वहीं सोया जाता है
ताकृदंत + था	वह सोता था	वहीं सोया जाता था
ताकृदंत + हो	वह सोता हो	वहीं सोया जाता हो
ताकृदंत + होगा	वह सोता होगा	वहीं सोया जाता होगा
आकृदंत + है	वह सोया है	वहीं सोया गया है
आकृदंत + था	वह सोया था	वहीं सोया गया था
आकृदंत + हो	वह सोया हो	वहीं सोया गया हो
आकृदंत + होगा	वह सोया होगा	वहीं सोया गया होगा
नाकृदंत + है	उसे सोना है	वहीं सोया जाना है
नाकृदंत + था	उसे सोना था	वहीं सोया जाना था
नाकृदंत + हो	उसे सोना हो	वहीं सोया जाना हो
नाकृदंत + होगा	उसे सोना होगा	वहीं सोया जाना होगा
इएकृदंत + है	उसे सोना चाहिए है	वहीं सोया जाना चाहिए है
इएकृदंत + था	उसे सोना चाहिए था	वहीं सोया जाना चाहिए था
इएकृदंत + हो	उसे सोना चाहिए हो	वहीं सोया जाना चाहिए हो
इएकृदंत + होगा	उसे सोना चाहिए होगा	वहीं सोया जाना चाहिए होगा

भाववाच्य के उक्त क्रियापदों के साथ यहाँ, वहाँ, यहीं, वहीं, अब, इस समय आदि क्रियाविशेषणों का प्रयोग करने पर वाक्य का सुष्ठु रूप प्रस्तुत होता है, जैसे—वहाँ सोया जाता, यहीं सोया जाएगा, अभी सोया जाए आदि।

तालिका : 87

कर्तृवाच्य के विकारी क्रियापद	भाववाच्य के क्रियापद
वह बैठता	बैठा जाता
वह बैठा	बैठा गया
वह बैठे	बैठा जाए
वह बैठेगा	बैठा जाएगा
वह बैठता है	बैठा जाता है
वह बैठता था	बैठा जाता था
वह बैठता हो	बैठा जाता हो
वह बैठता होगा	बैठा जाता होगा
वह बैठा है	बैठा गया है
वह बैठा था	बैठा गया था
वह बैठा हो	बैठा गया हो
वह बैठा होगा	बैठा गया होगा
उसे बैठना है	बैठा जाना है
उसे बैठना था	बैठा जाना था
उसे बैठना हो	बैठा जाना हो
उसे बैठना होगा	बैठा जाना होगा
उसे बैठना चाहिए है	बैठा जाना चाहिए है
उसे बैठना चाहिए था	बैठा जाना चाहिए था
उसे बैठना चाहिए हो	बैठा जाना चाहिए हो
उसे बैठना चाहिए होगा	बैठा जाना चाहिए होगा

उक्त भाववाच्य के क्रियापदों का क्रियाविशेषणों या निपातों के साथ प्रचलन अधिक है—वहीं सोया जाता; किसी तरह सोया जाता; यहीं कहीं सोया जाता; वहाँ नहीं सोया जाता था; अवश्य सोया गया; वहीं बैठा जाता; कभी-कभी बैठा जाता; यहीं कहीं बैठा जाता; वहाँ नहीं बैठा जाता था; अवश्य बैठा गया; कैसे वहाँ रहा जाता; कभी कभी रहा जाता; यहीं कहीं रहा जाता; वहाँ नहीं रहा जाता था; अवश्य रहा गया।

इसी प्रकार—अभी चला जाए; अब चला नहीं जाता; अब तक चला जाना चाहिए था; दिन-रात मरा जाता; क्यों मरा जाए; देश के लिए मरा जाएगा; सुबह-शाम मरा गया।

5.16 : कर्तृवाच्य का कर्ता पदानवत स्थिति में करणकारक में 'से' परसर्ग या 'के द्वारा', संबंधबोधक के साथ, कर्मवाच्य तथा भाववाच्य में प्रयुक्त भी होता है।

तालिका : 88

कर्तृवाच्य के विकारी क्रियापद	कर्मवाच्य
लड़का केला खाता है।	(लड़के× से) केला खाया जाता है।
लड़के ने केला खाया है।	(लड़के से) केला खाया गया है।
लड़के को केला खाना है।	(लड़के से) केला खाया जाना है।
लड़का केला खाए।	(लड़के से) केला खाया जाए।
लड़का लीची खाता है।	(लड़के से) लीची खायी जाती है।
लड़के ने लीची खायी है।	(लड़के से) लीची खायी गयी है।
लड़के को लीची खानी है।	(लड़के से) लीची खायी जानी है।
लड़के को लीची खानी चाहिए थी	(लड़के से) लीची खायी जानी चाहिए थी।
लड़का केले खाता है।	(लड़के से) केले खाये जाते हैं।
लड़के ने केले खाये हैं।	(लड़के से) केले खाये गये हैं।
लड़के को केले खाने हैं	(लड़के से) केले खाये जाने हैं।
लड़के को केले खाने चाहिए हैं	(लड़के से) केले खाये जाने चाहिए हैं
लड़का लीचियाँ खाता है।	(लड़के से) लीचियाँ खायी जाती हैं।
लड़के ने लीचियाँ खायी हैं	(लड़के से) लीचियाँ खायी गयी हैं।
लड़के को लीचियाँ खानी हैं	(लड़के से) लीचियाँ खायी जानी हैं।
लड़के को लीचियाँ खानी चाहिए हैं	(लड़के से) लीचियाँ खायी जानी चाहिए हैं
आयोजकों ने कार्यक्रम आयोजित किया है	(आयोजकों के द्वारा) कार्यक्रम आयोजित किया गया है।
माँ बच्चे को दवा खिलाती है	(माँ के द्वारा) बच्चे को दवा खिलाई जाती है

× कर्ता यदि परसर्ग से युक्त होता तो उसका क्रियापद पर प्रभाव नहीं पड़ता। फिर कर्ता का लिंग-वचन चाहे कुछ भी हो।

तालिका : 89

कर्तृवाच्य	भाववाच्य	
वह सोता	(लड़के से)	सोया जाता
वह सोया	(लड़के से)	सोया गया
वह सोए	(लड़के से)	सोया जाए
वह सोएगा	(लड़कों से)	सोया जाएगा
वह सोता है	(लड़के से)	सोया जाता है
वह सोया है	(लड़के से)	सोया गया है
उसको सोना है	(लड़के से)	सोया जाना है
उसको सोना चाहिए है	(लड़कों से)	सोया जाना चाहिए है
वह सोता था	(लड़कियों से)	सोया जाता था
वह सोया था	(उससे)	सोया गया था
उसको सोना था	(तुमसे)	सोया जाना था
उसको सोना चाहिए था	(तुमसे)	सोया जाना चाहिए था
वह सोता हो	(उनसे)	सोया जाता हो
वह सोया हो	(तुमसे)	सोया गया हो
उसको सोना हो	(हमसे)	सोया जाना हो
उसको सोना चाहिए हो	(हमसे)	सोया जाना चाहिए हो
वह सोता होगा	(उससे)	सोया जाता होगा
वह सोया होगा	(तुमसे)	सोया गया होगा
उसको सोना होगा		सोया जाना होगा
उसको सोना चाहिए होगा		सोया जाना चाहिए होगा

तालिका : 90

कर्तृवाच्य आधारभूत क्रियापद	कर्मवाच्य संयोज्य क्रिया बनना	कर्मवाच्य नकारात्मक प्रसंगों में
तू आम खा	—	—
वह आम खाता	उससे आम खाये बनता	उससे आम खाये नहीं बनता
उसने आम खाया	उससे आम खाये बना	उससे आम खाये नहीं बना
तुम आम खाना	उससे आम खाये बनना	उससे आम खाये न बनना
वह आम खाए	उससे आम खाये बने	उससे आम खाये नहीं बने
वह आम खाएगा	उससे आम खाये बनेगा	उससे आम खाये नहीं बनेगा
आप खाइए	आपसे आम खाये बनिए	आपसे आम खाये न बनिए
आप खाइएगा	आपसे आम खाये बनिएगा	आपसे आम खाये न बनिएगा
वह आम खाता है	उससे आम खाये बनता है	उससे आम खाये नहीं बनता है
वह आम खाता था	उससे आम खाये बनता था	उससे आम खाये नहीं बनता था
वह आम खाता हो	उससे आम खाये बनता हो	उससे आम खाये नहीं बनता हो
वह आम खाता होगा	उससे आम खाये बनता होगा	उससे आम खाये नहीं बनता होगा
उसने आम खाया है	उससे आम खाये बना है	उससे आम खाये नहीं बना है
उसने आम खाया था	उससे आम खाये बना था	उससे आम खाये नहीं बना था
उसने आम खाया हो	उससे आम खाये बना हो	उससे आम खाये नहीं बना हो
उसने आम खाया होगा	उससे आम खाये बना होगा	उससे आम खाये नहीं बना होगा
उसको आम खाना है	क्रियारूप प्रचलित नहीं	क्रियारूप प्रचलित नहीं
उसको आम खाना था		
उसको आम खाना हो		
उसको आम खाना होगा		
उसको आम खाना चाहिए है	क्रियारूप प्रचलित	प्रचलित नहीं
उसको आम खाना चाहिए था	× नहीं	
उसको आम खाना चाहिए हो		
उसको आम खाना चाहिए होगा		

इसी प्रकार—अन्य कोटियों के क्रियापद भी बनेंगे।

(i) आम खाये नहीं बनता   लीची खाये नहीं बनती

(ii) केले खाये नहीं बनते   लीचियाँ खाये नहीं बनतीं।

तालिका : 91

कर्तृवाच्य आधारभूत क्रियापद	भाववाच्य 'बनना' संयोज्य क्रिया के साथ	भाववाच्य नकारात्मक प्रसंगों में
तू आ	—	—
वह आता	उससे आते बनता	उससे आते नहीं बनता
वह आया	उससे आते बना	उससे आते नहीं बना
तुम आना	उससे आते बनना	आपसे आते नहीं बनना
वह आए	उससे आते बने	उससे आते नहीं बने
वह आएगा	उससे आते बनेगा	उससे आते नहीं बनेगा
आप आइए	आपसे आते बनिए	आपसे आते न बनिए
आप आइएगा	आपसे आते बनिएगा	आपसे आते न बनिएगा
वह आता है	उससे आते बनता है	उससे आते नहीं बनता है
वह आता था	उससे आते बनता था	उससे आते नहीं बनता था
वह आता हो	उससे आते बनता हो	उससे आते नहीं बनता हो
वह आता होगा	उससे आते बनता होगा	उससे आते नहीं बनता होगा
वह आया है	उससे आते बना है	उससे आते नहीं बना है
वह आया था	उससे आते बना था	उससे आते नहीं बना था
वह आया हो	उससे आते बना हो	उससे आते नहीं बना हो
वह आया होगा	उससे आते बना होगा	उससे आते नहीं बना होगा
उसको आना है		
उसको आना था	प्रशस्त प्रयोग नहीं	प्रशस्त प्रयोग नहीं
उसको आना हो		
उसको आना होगा		
उसको आना चाहिए है		
उसको आना चाहिए था	प्रशस्त प्रयोग नहीं	प्रशस्त प्रयोग नहीं
उसको आना चाहिए हो		
उसको आना चाहिए होगा		

5.17 : संयुक्त क्रिया 'चला जाना' कर्तृवाच्य और भाववाच्य दोनों में प्रयुक्त होती है—

तालिका : 92

मुख्य क्रियारूप विकारी आकृदंत 'चला'+जाना संयोज्य क्रिया	**संयुक्त क्रिया 'चला जाना' के विकारी आधारभूत क्रियापद**	
	कर्तृवाच्य	**भाववाच्य**
चला जाता	वह चला जाता	अब नहीं चला जाता
चला गया	वह चला गया	उससे नहीं चला गया
चला जाए	वह चला जाए	वहाँ चला जाए
चला जाएगा	वह चला जाएगा	वहीं चला जाएगा
चला जाता है	वह चला जाता है	उससे चला जाता है
चला जाता था	वह चला जाता था	उससे चला जाता था
चला जाता हो	वह चला जाता हो	उससे चला जाता हो
चला जाता होगा	वह चला जाता होगा	उससे चला जाता होगा
चला गया है	वह चला गया है	उससे चला गया है
चला गया था	वह चला गया था	उससे चला गया था
चला गया हो	वह चला गया हो	उससे चला गया हो
चला गया होगा	वह चला गया होगा	उससे चला गया होगा
चला जाना है	उसको चला जाना है	
चला जाना था	उसको चला जाना था	
चला जाना हो	उसको चला जाना हो	प्रशस्त प्रयोग नहीं
चला जाना होगा	उसको चला जाना होगा	
चला जाना चाहिए है	उसको चला जाना चाहिए	
चला जाना चाहिए था	उसको चला जाना चाहिए था	प्रशस्त प्रयोग नहीं
चला जाना चाहिए हो	उसको चला जाना चाहिए हो	
चला जाना चाहिए होगा	उसको चला जाना चाहिए होगा	

5.18 : संयुक्त क्रियापदों में यदि मुख्य क्रिया का क्रियारूप सकर्मक आकृदंत हो और संयोज्य क्रिया 'जाना' का विकारी क्रियारूप हो तो क्रियापद कर्मवाच्य का होता है—

तालिका : 93

संयुक्त क्रिया 'खाया जाना' के आधारभूत विकारी क्रियापद	**कर्मवाच्य कर्म + क्रियापद**
खाया जाता	आम खाया जाता।
खाया गया	आम खाया गया।
खाया जाए	आम खाया जाए
खाया जाएगा	आम खाया जाएगा
खाया जाता है	आम खाया जाता है
खाया जाता था	आम खाया जाता था
खाया जाता हो	आम खाया जाता हो
खाया जाता होगा	आम खाया जाता होगा
खाया गया है	आम खाया गया है
खाया गया था	आम खाया गया था
खाया गया हो	आम खाया गया हो
खा गया होगा	आम खाया गया होगा
खाया जाना है	आम खाया जाना है
खाया जाना था	आम खाया जाना था
खाया जाना हो	आम खाया जाना हो
खाया जाना होगा	आम खाया जाना होगा
खाया जाना चाहिए है	आम खाया जाना चाहिए है
खाया जाना चाहिए था	आम खाया जाना चाहिए था
खाया जाना चाहिए हो	आम खाया जाना चाहिए हो
खाया जाना चाहिए होगा	आम खाया जाना चाहिए होगा

मुख्य क्रिया — खाना (उक्त सभी क्रियापदों में), क्रियामूल (धातु) खा;
कर्ता का सूचक कर्तृवाचक कृदंत—खानेवाला— × (उक्त सभी वाक्यों में)
कर्म का सूचक कर्मवाचक कृदंत—खाया जानेवाला—आम (उक्त सभी वाक्यों में)

यहाँ इस बात का ध्यान रखें कि मुख्य क्रिया का क्रियारूप आकृदंत से भिन्न होगा तो कर्मवाच्य नहीं होगा। खा जाता है, खाता जाता है आदि क्रियापद कर्मवाच्य के नहीं हैं। वे कर्तृवाच्य के ही रहेंगे।

5.19 : संयुक्त क्रियापद में 'जाना' संयोज्य क्रिया का अविकारी क्रियारूप हो तो मुख्य क्रिया आकृदंत तिर्यक् रूप ग्रहण करेगी।

खाये जा — तू आम खाये जा।
खाये जाना — तुम आम खाये जाना।
खाये जाइए — आप आम खाये जाइए।
खाये जाइएगा — आप आम खाये जाइएगा।

वस्तुतः जिन क्रियापदों से कर्ता की प्रधानता चरितार्थ होती है। वे कर्तृवाच्य के अंतर्गत आते हैं, कर्मवाच्य के अंतर्गत नहीं।

5.20 : संयुक्त क्रिया की संयोज्य क्रिया सकर्मक हो तो कर्मवाच्य में उसी के क्रियारूप को आकृदंत क्रियारूप देते हैं, पहले से आकृदंत हो तो ठीक ही है और तत्पश्चात् उसी के रूप में 'जाना' संयोज्य क्रिया को रखते हैं। अन्य सब बातें पूर्ववत्।

तालिका : 94

संयोज्य क्रिया देना* के विकारी आधारभूत क्रियापद	संयुक्त क्रिया 'लिख देना' के आधारभूत कर्तृवाच्य क्रियापद कर्म-पत्र, पुंलिंग-एकवचन	कर्मवाच्य
ताकृदंत — देता	वह पत्र लिख देता	पत्र लिख दिया जाता
आकृदंत — दिया	उसने पत्र लिख दिया	पत्र लिख दिया गया
एकृदंत — दे	वह पत्र लिख दे	पत्र लिख दिया जाए
एगाकृदंत — देगा	वह पत्र लिख देगा	पत्र लिख दिया जाएगा
ताकृदंत—देता है	वह पत्र लिख देता है	पत्र लिख दिया जाता है
ताकृदंत—देता था	वह पत्र लिख देता था	पत्र लिख दिया जाता था
ताकृदंत—देता हो	वह पत्र लिख देता हो	पत्र लिख दिया जाता हो
ताकृदंत—देता होगा	वह पत्र लिख देता होगा	पत्र लिख दिया जाता होगा
आकृदंत + है—दिया है	उसने पत्र लिख दिया है	पत्र लिख दिया गया है
आकृदंत + था—दिया था	उसने पत्र लिख दिया था	पत्र लिख दिया गया था
आकृदंत + हो—दिया हो	उसने पत्र लिख दिया हो	पत्र लिख दिया गया हो
आकृदंत + होगा—दिया होगा	उसने पत्र लिख दिया होगा	पत्र लिख दिया गया होगा
नाकृदंत + है—देना है	उसको पत्र लिख देना है	पत्र लिख दिया जाना है
नाकृदंत + था—देना था	उसको पत्र लिख देना था	पत्र लिख दिया जाना था
नाकृदंत + हो—देना हो	उसको पत्र लिख देना हो	पत्र लिख दिया जाना हो
नाकृदंत + होगा—देना होगा	उसको पत्र लिख देना होगा	पत्र लिख दिया जाना होगा
इएकृदंत + है—देना चाहिए है	उसको पत्र लिख देना चाहिए है	पत्र लिख दिया जाना चाहिए है
इएकृदंत + था—देना चाहिए था	उसको पत्र लिख देना चाहिए था	पत्र लिख दिया जाना चाहिए था
इएकृदंत + हो—देना चाहिए हो	उसको पत्र लिख देना चाहिए हो	पत्र लिख दिया जाना चाहिए हो
इएकृदंत + होगा—देना चाहिए होगा	उसको पत्र लिख देना चाहिए होगा	पत्र लिख दिया जाना चाहिए होगा

× 'देना' संयोज्य क्रिया के साथ मुख्य क्रिया का क्रियामूल (धातु) क्रियारूप प्रयुक्त होता है।

तालिका : 95

संयोज्य क्रिया 'देना' के विकारी आधारभूत क्रियापद	कर्तृवाच्य क्रियापद 1. मुख्य क्रिया 'लिखना' का क्रियामूल (धातु) लिख 2. कर्म-पुस्तक स्त्रीलिंग-एकवचन	कर्मवाच्य
ताकृदंत — देता	वह पुस्तक लिख देता	पुस्तक लिख दी जाती
आकृदंत — दिया	उसने पुस्तक लिख दी	पुस्तक लिख दी गयी
एकृदंत — दे	वह पुस्तक लिख दे	पुस्तक लिख दी जाए
एगाकृदंत — देगा	वह पुस्तक लिख देगा	पुस्तक लिख दी जाएगी
ताकृदंत + है — देता है	वह पुस्तक लिख देता है	पुस्तक लिख दी जाती है
ताकृदंत + था — देता था	वह पुस्तक लिख देता था	पुस्तक लिख दी जाती थी
ताकृदंत + हो — देता हो	वह पुस्तक लिख देता हो	पुस्तक लिख दी जाती हो
ताकृदंत + होगा — देता होगा	वह पुस्तक लिख देता होगा	पुस्तक लिख दी जाती होगी
आकृदंत + है—दिया है	उसने पुस्तक लिख दी है	पुस्तक लिख दी गई है
आकृदंत + था—दिया था	उसने पुस्तक लिख दी थी	पुस्तक लिख दी गई थी
आकृदंत + हो—दिया हो	उसने पुस्तक लिख दी हो	पुस्तक लिख दी गई हो
आकृदंत + होगा—दिया होगा	उसने पुस्तक लिख दी होगी	पुस्तक लिख दी गई होगी
नाकृदंत + है—देना है	उसको पुस्तक लिख देनी है	पुस्तक लिख दी जानी है
नाकृदंत + था—देना था	उसको पुस्तक लिख देनी थी	पुस्तक लिख दी जानी थी
नाकृदंत + हो—देना हो	उसको पुस्तक लिख देनी हो	पुस्तक लिख दी जानी हो
नाकृदंत + होगा—देना होगा	उसको पुस्तक लिख देनी होगी	पुस्तक लिख दी जानी होगी
नाकृदंत+इएकृदंत है—देना चाहिए है	उसको पुस्तक लिख देनी चाहिए है	पुस्तक लिख दी जानी चाहिए है
नाकृदंत+इएकृदंत था—देना चाहिए था	उसको पुस्तक लिख देनी चाहिए थी	पुस्तक लिख दी जानी चाहिए थी
नाकृदंत+इएकृदंत हो—देना चाहिए हो	उसको पुस्तक लिख देनी चाहिए हो	पुस्तक लिख दी जानी चाहिए हो
नाकृदंत+इएकृदंत होगा—देना चाहिए होगा	उसको पुस्तक लिख देनी चाहिए होगी	पुस्तक लिख दी जानी चाहिए होगी

परसर्ग से रहित कर्म पुंलिंग-बहुवचन हो या स्त्रीलिंग-बहुवचन तो उनके क्रियारूप सामान्य प्रक्रिया से बनेंगे—

पत्र लिख दिया जाता है।	पत्र लिख दिये जाते हैं।
पुस्तक लिख दी जाती है।	पुस्तकें लिख दी जाती हैं।
पत्र लिख दिया गया है।	पत्र लिख दिये गये हैं।
पुस्तक लिख दी गयी है।	पुस्तकें लिख दी गयी हैं।

5.20 : कर्तृवाच्य के संयुक्त क्रियापद की संयोज्य क्रिया 'जाना' हो और मुख्य क्रिया सकर्मक क्रियामूल (धातु) हो तो मुख्य क्रियारूप को आकृदंत क्रियारूप देते हैं और संयोज्य क्रिया 'जाना' का क्रियारूप यथावत रखते हैं—

तालिका : 96

कर्तृवाच्य	कर्मवाच्य
कर्म 'आम' पुंलिंग-एकवचन	
वह आम खा जाता है	आम खाया जाता है
वह आम खा जाएगा	आम खाया जाएगा
उसको आम खा जाना चाहिए था	आम खाया जाना चाहिए था
कर्म 'आम' पुंलिंग-बहुवचन	
लोग आम खा जाते हैं	आम खाये जाते हैं
लोग आम खा जाएँगे	आम खाये जाएँगे।
लोगों को आम खा जाने चाहिए थे	आम खाये जाने चाहिए थे
कर्म 'लीची' स्त्रीलिंग-एकवचन	
वह लीची खा जाता है	लीची खायी जाती है
वह लीची खा जाएगा	लीची खायी जाएगी
उसको लीची खा जानी चाहिए थी	लीची खायी जानी चाहिए थी
कर्म 'लीचियाँ' स्त्रीलिंग-बहुवचन	
वह लीचियाँ खा जाता हो	लीचियाँ खायी जाती हों
वह लीचियाँ खा जाएगा	लीचियाँ खायी जाएँगी
लोगों को लीचियाँ खा जानी चाहिए हों	लीचियाँ खायी जानी चाहिए हों

5.21 : संयुक्त क्रियापद की संयोज्य क्रिया 'सकना' हो तो मुख्य क्रिया के क्रियारूप को कर्मवाच्य में आकृदंत करते हैं और 'जाना' संयोज्य क्रिया को उसी के रूप में ठीक बाद में रखते हैं और तब 'सकना' संयोज्य क्रिया का क्रियारूप रखा जाता है—

तालिका : 97

कर्तृवाच्य	कर्मवाच्य
वह आम खा सकता है	आम खाया जा सकता है
वह आम खा सकेगा	आम खाया जा सकेगा
वह केले खा सकता था	केले खाये जा सकते थे
वह नाशपातियाँ खा सकता था	नाशपातियाँ खायी जा सकती थीं

ध्यान रहे कि कर्तृवाच्य में परसर्गरहित कर्ता के लिंग-वचन का अनुगमन क्रियापद करता है और कर्मवाच्य में परसर्गरहित कर्म के लिंग-वचन का अनुगमन करता है।

5.22 : संयुक्त क्रियापद की संयोज्य क्रिया का 'रह' क्रियामूल (धातु) का क्रियारूप 'रहा' आकृदंत हो तो मुख्य क्रिया के क्रियारूप को आकृदंत करते हैं, उसके बाद 'जाना' संयोज्य क्रिया को उसी के रूप में रखते और तब संयुक्त क्रिया की संयोज्य क्रिया को रखते हैं—

तालिका : 98

कर्तृवाच्य	कर्मवाच्य
वह आम खा रहा है।	आम खाया जा रहा है।
लोग आम खा रहे हैं।	आम खाये जा रहे हैं।
वह शरबत पी रहा है।	शरबत पिया जा रहा है।
वह चाय पी रहा था।	चाय पी जा रही थी।
वह आम खाता रहा है।	आम खाया जाता रहा है।
वह आम खाता रहा है।	आम खाया जाता रहा है।

5.23 : कर्तृवाच्य संयुक्त क्रिया की मुख्य क्रिया तथा संयोज्य क्रिया दोनों अकर्मक हों तो क्रियापदों के भाववाच्य के रूप प्रयोग में नहीं आते—

तालिका : 99

कर्तृवाच्य	भाववाच्य
लड़का आता होता है।	———————
लड़का आया होता है।	———————
उसको आना पड़ता है।	———————
वह जहर खा मरा है।	———————
सूरज डूब जाता है।	———————
सूरज डूबा जाता है।	———————
वह आया रहता है।	———————
वह आ सकता है।	———————

OOO